U0148712

保健視窗

談 眞著

回到青春健康

文史哲出版社印行

呂序

家住雙和地區並於中和國中任教廿八年的談老師，平日熱心公益活動，因此在地方事務以及學校活動中，常會見到她，同時她是個作家，經常有文藝作品於報章發表，是一位有才氣靈性的好老師。

這次談老師特地來找我，希望我這個地方家長幫她退休後的第三本書作序，我一方面替她高興，能在短短兩年間出了兩本養生書，一本詩集，實在難能可貴，一方面又十分訝異，為何目前的她，言行舉止充滿朝氣，尤其是外貌顯然回到剛認識她時一般的年輕，提到這個疑問，她微笑著說：「答案就在書中。」

為了尋求解答，我利用公餘時間馬上閱讀她的「回到青春健康」一書，當看到「回到未來」一文時，不禁恍然大悟，原來一顆慈善的心，加上靜坐功法，即能讓人回到過去，預設未來。人是思想的動物，靠著意念的作用，終究可以心想事成的，談老師的回到未來確是一個明證。

談老師自幼身體虛弱百病叢生，後來拜氣功、經絡學之賜，治好西醫無法治癒的暈眩、過敏、骨刺諸症，於退休後第一年將自身及幫助別人解除病痛的經歷，完成第一部養生書「使你活得更健康」嘉惠大眾無數，近年來又得高人指點，潛心鑽研中國醫學、中國功夫，橫學造詣日益精進，此次她將一些西醫認為疑難之症狀如心臟病、高血壓、氣喘、糖尿病等，做深入淺出的解說，並寫出簡單易行的功法，皆是專家經驗結晶，相信這本書，必定對那些患有同樣病痛者及其家屬，或想預防的朋友具有無限的助益。

認識的談老師一直扮演著多重的角色，她事親至孝、又極其愛家是孝子、賢妻、慈母。在職場上，她特別重視學生的人格教育，使不少問題學生，重新踏上正途，是良師、人師。在文學創作上，無論詩作、散文，都極其真摯、自然，更能超越一己之藩籬，做性靈無限的發揮，令人不禁陶醉其間，這在書中之石頭物語、桂花林等皆能窺見一般。

目前談老師將自己鍛鍊得精滿氣足，成就許多養生救人的功法，達到自立立人之境地，於各式演講會中，皆有相當大的感應，若有神助般，她的親朋、鄰居也都能感受她的慈悲、功力，現在她花費偌大心神將研究所得集結成書，期能廣結善緣、救苦救難。

在此，我們預祝談老師的善心如甘霖之揮灑，能開放許多燦爛的花朵，結出豐碩的果實來、更祝福閱讀此書的朋友皆能「回到青春健康」。

中和市市長 呂芳煙

回到青春健康 目錄

觀音菩薩與我

女兒即將出國進修，於是帶她到萬華龍山寺拜觀音菩薩祈求平安，夜晚的龍山寺較白日清靜許多，因值農曆十六月圓，月亮銀輝披灑，整個寺廟、廣場，有一份潤澤的感覺，樑柱上的雕飾猶見鮮活生動，恍惚間彷佛置身於水晶宮裡，楓橋夜泊的詩歌反複吟唱著，幾許迷離，幾許愁悵，猶似來自故鄉的呼喚，而遊子的夢將醒來醒於寒山鐘聲，香爐中煙霧繚繞，一縷縷的青煙往上揚升，循著簷角、塔頂、翳入空中。菩薩莊的法相，定定的、慈悲地觀照或近或遠的信眾，女兒點燃一炷香，閉上眼睛虔誠默禱，希望菩薩庇佑一切順利，就像昔日的我，跟隨母親來此跟菩薩頂禮，得到心靈的依恃與慰藉。

回想以前的我因工作、結婚、生活忙碌，有好長一段時間未曾前來膜拜。直到後來因緣際會結識一些法師，開始接近佛法，碰觸生命學的奧妙，慢慢開發自身睡著迷失的細胞與性靈，有一天就寢前，闔起雙眼默唸觀音法號，於第二唸時，忽由天眼見祂倏倏然而至，猶見衣衫飄飄，卻不喘息，身子微側對我，見我無恙，約莫兩秒光景才消失，初逢乍見，心中不禁震懾，但因一心希望儘快入睡，別無所求，只覺恁地殊遇，如何能睡，未想，我竟然馬上入睡，隔天一早上班時，瞥見桌上一幀護貝的白衣大士神像，我不禁大呼，同事們聞此，皆嘖嘖稱奇，祂已超越時空，先與我結緣。

因為這種奇遇，使我明白寺廟中所印製的觀音神像，原來是有人親眼目睹為之作像，而非私自揣模製作所成。

SARS蔓延時，萬華地區可謂風吹草動，人人自危被列為高危險區，人濟醫院近在咫尺，本是遊民經常出入的場所，令人非常擔憂的院內感染，結果並沒擴散開來，遊民亦無啥狀況發生，無怪乎疫情減緩後，那些政府官員都到龍山寺拜謝觀音菩薩。

一個移居西雅圖的同學，來電談及長了腦瘤須動手術切除，說到傷心處忍不住痛哭起來，我好言安慰，要她放寬心去接受手術，因為她原來就拜觀音，於是我教她默唸觀音法號即可，其他經文、咒語由我助唸，兩個星期過後，她再來電說：「一切都出乎意外，那瘤比預期的大，而且牽涉神經廣，醫生花了七個多鐘頭才完成手術，於手術進行當中，我麻醉不醒，但我的靈是清醒的，我看到白衣大士與我同在；望著下邊的醫生群正極力拯救我……總之一切順利……」真是太感人的一幕。

上次來龍山寺時，見後殿正在整修，於是詢問管理人員，是否需要捐獻，他說經費已足不用再捐，後來我還是捐千元作香油錢，結果那期的統一發票對獎，從未中過獎的我竟然頭遭中了千元，冥冥中，菩薩謝了我的誠意，真是令我懾服。

觀音菩薩幾番靈驗，不禁感悟一切皆屬因緣聚合，想那菩薩顯現不同諸相渡化救護眾生，我既是祂的信徒，自應效法祂的精神，卑微的我又當何為？繼而一想，平生病痛不斷，幸賴氣功、中醫經絡之學，遂能逐一祛除病症，同時亦能將所學幫助別人。深知疾病之所生乃因氣血循環不良所引發，故只要讓身體機制充分發揮其功能，自能祛病養生，不妨將這些經驗、功法寫出，俾使與我同受病痛之苦的朋友能得助益，於是很快的我完成第一本養生書——使你活得更健康，藉著它，讓我廣結善緣。

近年來又因勤練功法，日益精進，達到所謂意到氣到之境，每逢應邀講授、座談時，會場上皆有強烈的感應，如有神助般……。

最近一位朋友談及她的先生患了直腸癌，於是我給了她一張調理腸火的文章，並教她演練一番。結果當天晚上，她來電說：「談老師，我要告訴妳一件事，因平日我有觀想觀音大士法相的習慣，在回家的路上觀音大士的眼睛忽然變成談老師的眼睛，實在太奇妙了。後來又不知不覺走到家附近的龍山寺，在菩薩前我突然有個靈感，想到將妳的文章印上百份讓大家取閱，同時也得到菩薩聖筊的默許……」聽完電話，直覺得有時一念之間會帶來萬般結果，但願有更多的朋友受益才好。

眼睛會說話

中醫學有所謂五臟六腑之精氣皆注目，氣盛則目明，精神充足，雙目也就炯炯有神，一個人如果眼睛能保持嬰兒般又黑又亮的話，那麼他的身體一定非常健康。一旦身體臟腑有症狀，就會由眸子顯現出來。

過分勞累時，眼睛會有血絲出現。

身體虛弱易過敏體質的人，眼睛常會發炎、紅腫。

心臟有症狀者，於瞳孔中間線至眼角會出現橫血絡。

肝臟功能差的，眼白會變色，亦易形成白內障。

腎臟功能不好的，會造成眼睛乾澀、或眼液分泌過多。

我們知道人體器官、組織互相牽連、影響，所以當眼睛有病症時，除了它周遭的穴道以外，還跟有關的內臟有所關聯。如膽與肝相為表裡，目為肝之竅，以其經絡相通。而腎藏精、肝藏血、精氣充足時，腎能分泌激素造血，讓肝藏存放，故腎水不足時，肝木無法滋涵，同時易狹心火以侵擾，故目病是肝病，更是根源於腎；啓於肝。

自古以來穴道按摩對治療眼疾，有它一定的療效，我們可充分運用，**有關按摩眼睛的要穴有攢竹**（在兩眉端骨陷中）、**睛明**（在兩目內邊緣）、**瞳子**（在目外去角五分處）、**絲竹空**（在眉後陷中）合谷、及臂臑（位於手臂三角肌下端），經臨床實驗結果，**對近視、視神經萎縮、目赤、青盲、均有特效**。因這些穴道具有祛風、明目、清熱、消炎、調節視神經的功效，如果我們能長期推行眼部按摩運動，相信近視眼的比例定可大幅下降，屆時也不用花費精神和金錢去配戴眼鏡了。

有關保眼的食物，維生素A原（胡蘿蔔素）含量豐富的胡蘿蔔、番茄、枸杞子、鰻魚、肝臟等都是保眼素材，當我們有頭暈目眩、眼睛癢澀、疲勞、疼痛症狀時，通常是由於肝經積熱、腎經虛損，精血之氣未能上承，自失所養潤，故生病疾，除了按摩休息養神外，適當的補充營養才有療效。動物的肝臟含豐富的維他命A，尤其雞肝所含較其他為多，是豬肝的五倍。這也是愛眼者宜食用魚肝油的一份根據。至於鰻魚維他命A的含量比任何魚類都多，不只含在肝臟，魚肉也有。芝麻則在《本草備要》一書記載有明耳目的功效，每天只要攝取一點即有其助益。

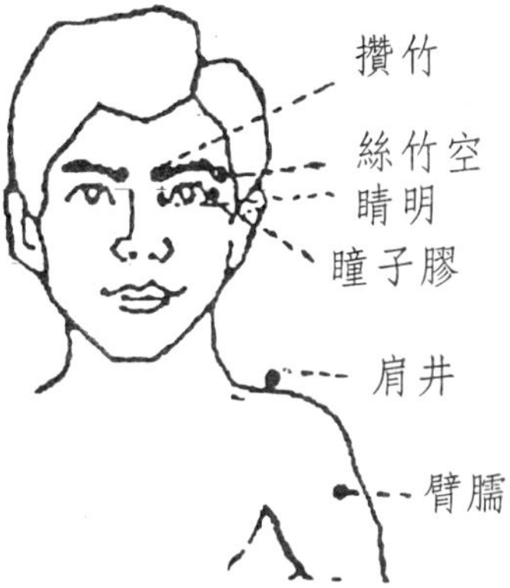

增強肺部功能預防SARS

好一陣子沒見鄰居張先生，直覺他彷彿變了一個人般，連忙問他：「你是怎麼辦到的，讓自己瘦了一圈，而且精神奕奕的？」「我哪有什麼秘方，只不過多運動而已，每天一早四點多我先繞公園走幾趟，再參加早覺會作甩手功……」是的，只要肯運動，瘦身有何困難呢？

凌晨三點到五點，迎接黎明第一道曙光，這個時辰是**肺經運行的時間**，若能**按摩肺經**之中府穴，再

肺經行走路線

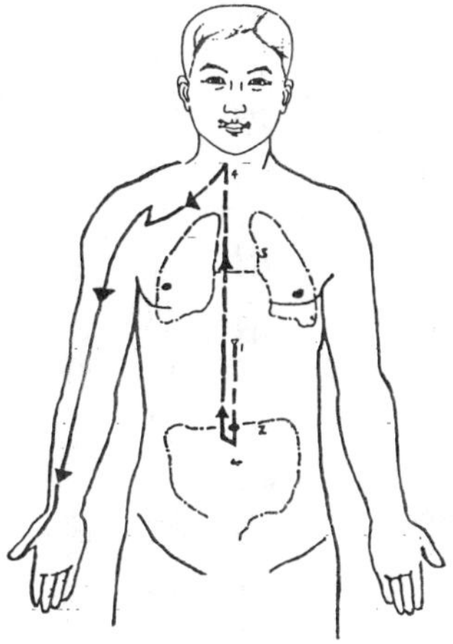

經由肺經運行路線，以甩手方式意想廢氣由拇指之少商穴排出，藉著地心引力的作用，震動經絡的結果，能使氣血條理通暢，這好比玻璃墊下的磁鐵，可將上面的碎鐵片組合成有規則的排列，而地心引力猶如磁鐵，地表有如玻璃墊，藉著震動的力量，帶動磁場（經絡），將病氣引出，使經絡通暢。

有些婦女朋友因害怕子宮後傾，不敢甩手，其實只要練好收陰，也就不妨礙的。

肺開竅於鼻，很多鼻病患者，老治不好，就要注意是否作根本治療？一般流鼻水時，可先坐好，讓腳掌豎起，並專注於此呼吸即可，至於鼻子過敏者，可冥想陽光、熱流由山根下至鼻翼，使鼻子暖和，自有其功效。

至於現在令全人類聞之色變的 SARS，係一嚴重急性呼吸道症候群，屬於病毒感染，我們應加強肺功能，注意肺經絡血氣之通暢，可在肺經穴道**魚際穴**附近之**魚際肉**，雙手互相摩搓至熱即可，這是加強免疫的妙方。

肺經走完跟著走大腸經，早上五時至七時是大腸經運行的時段，我們宜在此時排便，以免回收，反而成為垃圾，危害人體，例如動情激素過多時，會排出體外，若我們無法定時排出，它會回流，刺激乳腺，形成乳癌的因素，所以必須養成每天排便的習慣才好。

肺經與大腸經互為表裡、陰陽的關係；（我們身體之臟腑，五臟為陰，六腑為陽），彼此的互動，確是有跡可尋，足以印證的，**譬如長痔瘡者，可於其肺經之孔最穴按壓**，會顯現出痛感，故患此疾的，可加以按摩或灸之。

大腸經之**合谷**穴，有增強自然治癒力的作用，**曲池**則對內臟器官有強壯的作用，兩個穴道配合使用能清理上焦，（人體胸口以上稱上焦）旺盛全體機能，並能清熱氣散風邪。當我們感冒不舒服時，可一邊沐浴，一邊按摩膽經之風池，加上這兩個穴道，再睡一覺，風寒自然不翼而飛，可是相當神效的。

大腸具有排泄功能，其中火氣過多時，容易形成便秘，火氣太少又會影響瀉肚子。至於如何調養大腸之火氣，現在提供一指功，供大家參考。

首先將雙手置於肚臍兩旁，舉起食指，手腕與手臂呈垂直狀，往前推出，至極限；左右各轉十次，停五秒鐘，雙手再往兩邊撐開，同樣的前後各旋轉十次即可。

這個功能不須假以時日，馬上就可奏效，不妨一試。

21　增強肺部功能預防SARS

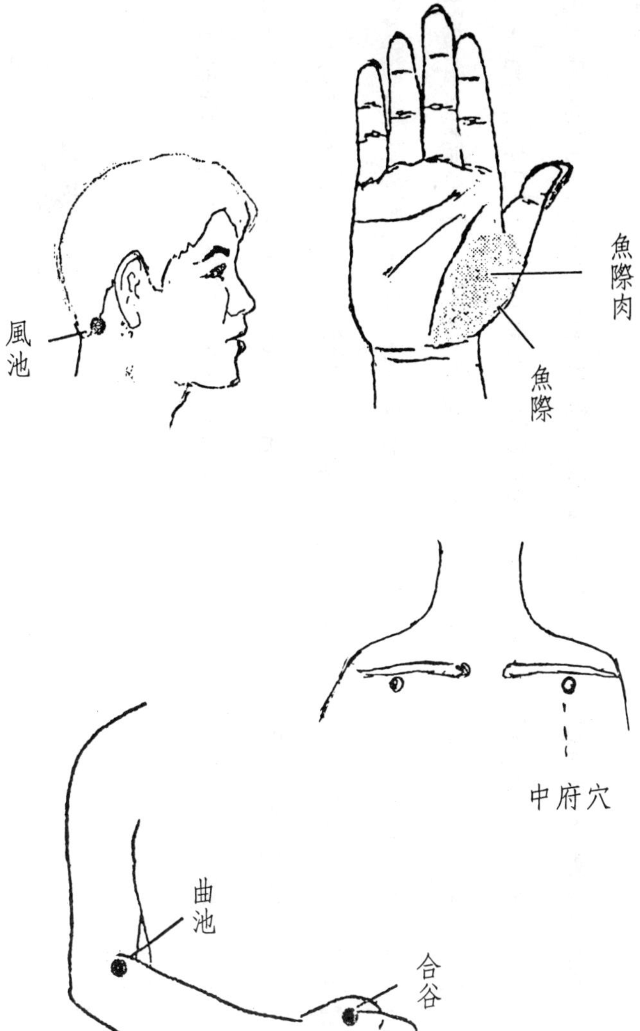

心臟病

鄰居一位王伯伯，平日看他臉紅眼也紅，問他是否血壓高，他說沒有，這種情況大致是心臟有毛病，果然他覺得心中鬱悶不舒服。

心肌梗塞、心絞痛等都是供應心臟血液之動脈出狀況，由於體內自由基破壞細胞膜，細胞膜裡面的不飽和脂肪酸，跟自由基結合，成為「過氧化脂質」，附著在血管壁上，使管腔越變越狹窄，造成動脈硬化，究其原因，主要是氣血循環不好，導致缺氧病變，更隨著情緒變化，感到胸悶、呼吸困難的心絞痛，若沒疏通氣血，更會引發心肌梗塞。

因此心臟病患者，最怕受到刺激、緊張、震怒、驚恐等，使心氣高昂、血壓昇高；發生意外。

心血管的病是循環病，屬於上焦的疾病，膻中穴主心、肺疾病，因為氣聚膻中，如果循環不好，氣久不動，氣會變涼，結果氣不暢，也就帶不了血行，會造成血液中之紅血球停滯，凝結成塊，造成動脈硬化。

所以祛除心血管病變的根源在於膻中，宜先將病氣消除，再貫氣膻中，自能痊癒。

有關消除病氣的方法，甩手功頗有功效。內經經文：「陽維陰維者，維絡于身……陽維為病苦寒熱，陰維為病苦心痛。」維絡指維繫經絡，陰維脈是指由兩手心沿內面小臂、上臂至兩乳處。**陰維脈之走向與心經、心包經相仿，主治心、胸疾患**，有此症者，平日可作甩手功，早晚各一次，兩膝微曲，並隨著手臂擺動，膝部同時反複伸曲，如此可增大下肢血行量，並減少運動後膝蓋部位的僵直感，進度可由每次五分鐘擺動三百次，逐漸增加。

練氣時，意守膻中，可強化上焦氣機，增進大動脈、小靜脈、血液的流暢、氣的流暢，使心臟將血液推送至全身各部位，藉以強化心肌的功能，增加血管彈性，氧氣供應充足。

靜坐時，先讓氣充滿全身，一切起心動念逐漸化掉，榮華富貴如波光之影，稍縱即逝，潦倒困頓，比上不足比下有餘，心懷知足感恩使所有心念沈靜下來，區區此心，何足掛礙？待心能定能靜時，必能開發智慧、得大光明。

至於**心臟**衰竭、萎縮者，命門氣也差，命門乃背部對著肚臍的穴位，**因為命門與心臟氣血來源相同**，來自冠狀動脈，所以心臟衰弱者，可用手摩擦命門少則三十六下，多則七十二下，**可促進心臟氣血旺盛**。

25　心臟病

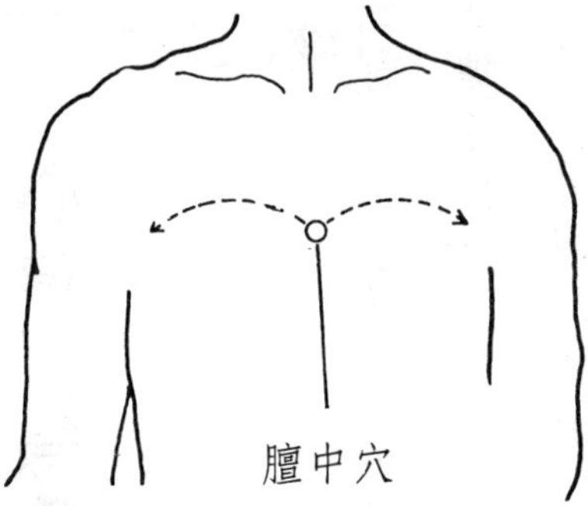

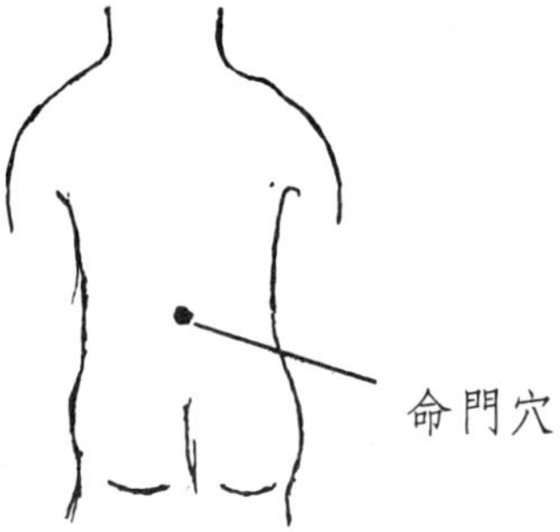

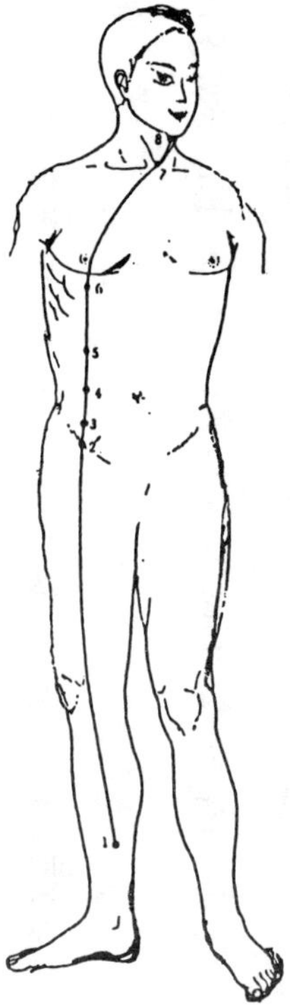

陰維脈行走圖

心臟與急救（中、西急救之共同點）

㈠

西方醫學講的是流體力學理論，中國醫學則講循環共振原理，以氣的共振促成血液共振，推動整體循環。

我們人體的循環不是放射式，而是屬於網狀式，血液的循環如網子般。人體如同一棵大樹，每根樹枝末梢一片葉子，與另一根樹枝的葉子，彼此之間互相關聯。

人體器官最先形成的是心臟，心臟輸送血液至身體各重要器官，不同的器官有不同的頻率，依照器官形成的先後次序，肝是第一波，腎第二波、脾第三波、肺第四波、胃第五波、膽第六波、膀胱第七波、大腸

第八波、三焦第九波、小腸第十波，心臟依照頻率的不同來輸送血液。

人工心臟，以三十瓦特的電能，超乎人體心臟一、七瓦特，近十八倍的電能，卻無法有效完成心臟輸送血液至各大器官的任務，這就是人體之奧妙所在，非外來物質所能取代。

人體有三個血液迴流圈，分別在上、中、下三焦，上焦指胸口以上，胸口至肚臍是中焦，下焦是腹部。**上焦的迴流圈在人中，中焦在勞宮**（於中指指掌橫紋上），**下焦在湧泉**。

又逢七月法會，寺廟中法師、比丘、比丘尼及善男信女齊聚，法會正進行，一位比丘尼竟在此時痛哭一番，隨後暈了過去，廟裡緊急請來與會的氣功師幫忙急救，氣功師見狀；於是按壓她的人中穴施救，隔一會兒，見她仍然毫無動靜，只見兩行淚水流出，於是氣功師在她耳邊輕聲說：「妳有啥事？待會到醫務室找我，我幫妳解決，不要在這兒聲張。」果然氣功師一走，她也跟著起來，原來她手頭上幾萬元被師兄借走後賴著不還，於是想著藉此機會討回公道，後來經過設法，終於圓滿落幕。

因為氣功師治療過很多暈倒的病人，見她如此情狀，就知有異，才能識破真相。

通常急救時，點在人中穴，再按摩手上勞宮與足心湧泉，若有別人幫忙，則可同時進行，更見功效。

㈡

心肺復甦術用於無呼吸、有心跳、或無呼吸無心跳時，為了保持呼吸道之順暢，必須清除口腔之異物，連假牙都要拔掉，然後將下巴抬高，頭部後仰，按壓心口處，間距是離胸骨兩支手指，約三、四公分之高度，以跪姿使力壓五下，再口對口吹一口氣，進行急救。

心臟輸送血液至全身各重要器官，主要是以氣的共振原理，造成血流之共振，來推動血液之輸送。

心臟一縮一張，將血液打出，撞到動脈，動脈呈直立形，因此血液並非直接流出，而是慢慢振動，慢慢上去，這個情形，正如同我們擊鼓一般，將鼓置於兩腿間，敲擊時，它的頻率會振動全身一般。

心臟血液打出時，撞到的那一點，正是膻中穴；它是產生共振的發起點，亦即中醫學上所講的「氣會膻中」。

中醫學之膻中穴，即是西醫學「心肺復甦術用手按壓的部位——心口」。心口就是膻中（正胸中兩孔間）。**如此中西醫學的急救點不謀而合**，我們氣貫膻中時，可通氣至手心，能收血液會合之功效。

另外一點值得注意的是，心肺復甦術，必須用手按壓心口，而不能用其他器具替代，正因為我們的手有氣、有頻率，會產生共振的緣故。

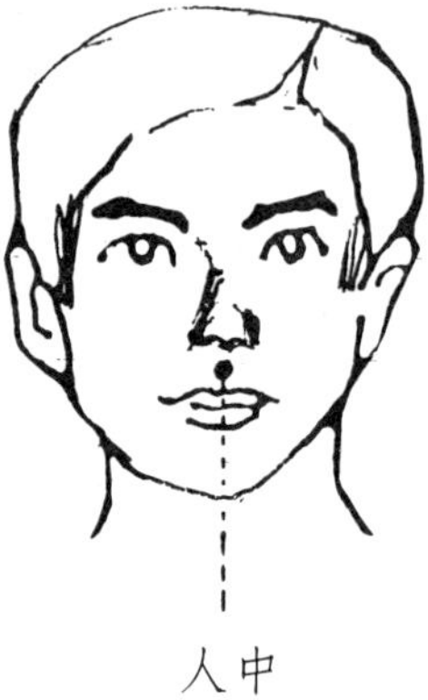
人中

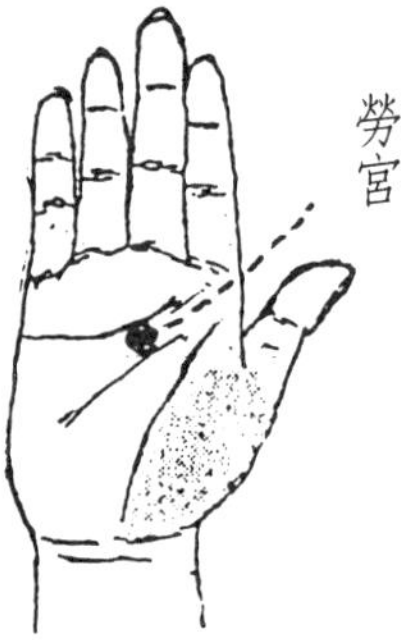
劳宫

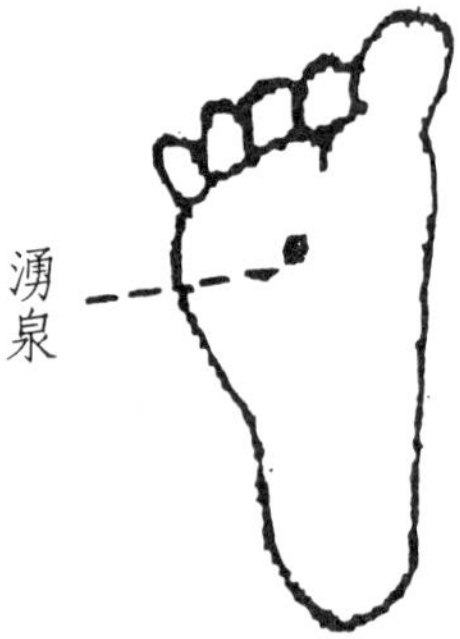
湧泉

高血壓

高血壓的發生是由於身體某重要器官管脈產生病變，如腎臟發炎、萎縮、血管硬化、主動脈缺陷，以及內分泌機能失常等病症引起身體某重要器官缺氧，這個缺氧的訊息，會傳至大腦，再由大腦傳達心臟打血送出。

為了達到身體的需求，於是心臟會超越平常一分鐘跳動七十二下的速度打出血液，如此加重心臟的負荷，久而久之影響心臟功能衰壞，無法加速打血，又回復以往心跳七十二的情況。

常見一些高血壓患者至醫院檢查，結果心跳正常，就以為心臟無恙，殊不知其實已「包藏禍心」。

一般心臟強壯的人，心跳有力，甚至不用跳至七十二下，可能六十幾下，即可完成運送血液的工作，心臟強的有如充氣的皮球，張弩之箭，跳得高射得遠，心臟不好則如洩氣的皮球、拉不開的弓箭，跳不高、射不遠。

很多高血壓患者有頭暈、臉紅、行動時呼吸急促，甚至頭重腳輕等現象，西醫往往使用血管擴張劑，使患者血流順暢，不致缺氧，可是久服之後，會有血管彈性疲乏的副作用，一旦受到情緒刺激、過於疲累，以至於氣血亂蹦、血脈賁張、血壓上升，導致血管破裂。

血壓高者，乃告訴我們某個臟器缺氧，若屬舒張壓偏高時，一般認為屬疑難症狀，但**經氣功治療累積證實，此症狀是由於肺部缺氧**，也因為肺部缺氧，有關部位循環不好，故藥物無法進入，造成難治的原因。於此天突穴（胸骨切跡之中央）宜多摩擦發熱，**天突穴掌管氣管、支氣管和肺部。膻中**（於正胸中兩乳間）；所謂氣會膻中，它**能帶動心肺循**

環，天突至膻中之經絡宜多摩搓。

我們治療高血壓的方法，只要讓氣血循環好即行，平日作息不要彎腰俯首的動作，以免血氣注於頭部，呼吸法的鍛鍊確是有十足功效的法門，讓身體心腎之氣互相交融，心屬火，腎屬水，使水火相濟、陰陽協調，自能治病，觀想清涼山泉由頭頂淚淚流下至腳底，由於將氣引至下盤，即能使血壓降低。

至於低血壓患者，因為氣血虛弱，所以只要循環轉好，氣血自然上升至一水平，使血壓恢復正常。

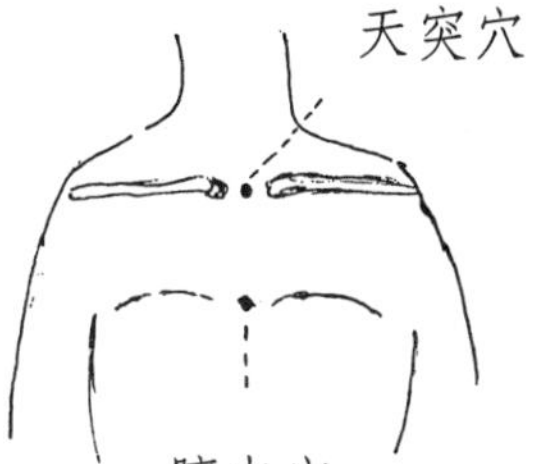

調治心臟治鼻血

小冬讀小一，中午放學回家，媽媽看了段考考卷，不如預期的理想，竟一邊敲打他的額頭，一邊責罵他粗心大意，並且要小冬罰寫十遍才准吃飯，小朋友受此指責不禁一把鼻涕、一把眼淚，哭得傷心又不能出聲，沒想到轉瞬間鼻血竟汩汩流出……。

荔枝、榴槤盛產季節，嗜好此物者，正可大快朵頤，然而時值褥暑，它們又屬溫熱性水果，體質偏熱的人吃多了，難免燥熱異常，甚至流鼻血。

流鼻血的原因有很多，舉凡外傷、感冒、暴飲、婦女倒經、情志鬱結都會引起此症，遇此症狀，我們應先將血流止住，再找出病源，做根本治療。

凡是燥熱、情緒鬱結，容易化火傷血，一般血行於脈管之中，由於心臟是輸送血液的幫浦，通常先將血液打至腦部，再注入鼻子，現因心、肺、肝、胃等臟腑之氣鬱熱，迫使血流妄行，血液滲出脈管造成鼻孔出血，欲救治此症，協助的人可將雙手搓熱，在患者額頭髮際之上星穴位撫氣，以促進鼻腔血管收縮，同時教**患者以兩手之中指中節部位，互相扣住，再彼此互拉，做旋轉動作**，我們中指是心包經運行之所在，因心包經通心臟，主治心臟之疾病，如此兩手指互扣互拉，可**調理心臟氣血**，不至於因血熱而加速血行，使脈道擴張，引發出血，心臟氣血調治好；自然血行正常，出血立刻止住。

至於體質燥熱的人，欲消熱退火，可水煮綠豆數分鐘，當綠豆未爆開時，湯呈草綠色，取一大碗喝即可，不失為既經濟又有效的食療。

註：心包經見一六二頁示意圖。

腦部氣血與中風

街上有一家自助式餐廳，未能如期開幕，因正逢抗SARS時期，避免諸多猜測，店家貼了一張告示，言明老闆因輕微中風住院另擇期開張，兩個禮拜後見餐廳老闆康復回來，左鄰右舍紛紛慰問，他說雖屬輕微中風，但還是傷到顏面神經，口歪眼斜的，幸好朋友介紹氣功師幫他理療，所以沒幾天就完全復元了，還算幸運。

中風是頭部循環出了問題，血流不暢，有的血管壁硬化，動脈也跟著硬化；血管彈性變差，僅能供應少許血液氧氣供應不足。若血液中的紅血球沈澱，凝結成塊，會造成血栓塞，倘使血液繼續送出，將硬化的血管衝破，即發生腦溢血的現象。

通常西醫治療動脈硬化，會採用抗凝血劑，讓血液流動，不致滯留結塊，但凝血劑使用太多的話，將使血液不會凝固。出血時不易止血，萬一體內有烏青時也不易消除；一般當指頭碰撞烏青時，過些時日，自然會消失復元，主要原因是我們的氣會攝血，不過由於使用抗凝血劑，屬於不自然的物質，除了失去血會凝固的本質，同時也傷到氣，氣也就無法攝血。

當發生腦溢血時，溢出的血會佔有一個空間，乃至壓迫到腦神經，若司管顏面神經者，會影響口歪眼斜，司語言神經者，就無法言語，若司運動神經者，則對稱之手腳麻木造成運動障礙，行動不便，手內屈，腳掌外撇，拖著走路。

中風患者若能把握時間，**先施行急救，可使傷害減低到最輕，中風急救是做十宣放血**，即將十根手指頭之指甲與指尖相接之一點，以針刺之，十宣放血時會有痛感，能帶氣血由頭上往下走，否則血繼續往上流，溢滿腦袋，壓迫更多神經。急救過後，宜馬上送醫治療，輕微者很快就可恢復，嚴重者須以氣功療法用氣振動病變之處，使之氣動、氣動後就能帶動血液流暢，並注氣，收攝血液，使神經障礙完全解除。假使時間隔太久血塊凝結過大，一輩子也難恢復，即使進行復健理療，因刺激末梢神經和肌肉，能保持肌肉不萎縮，尚可行動，但無法自主，因神經還是被壓迫無法傳達。

我們知道**中風之癥結所在於腦部**，所以建議患者與其花時間、精神作復健治療，不如自己或家人幫忙，**以手掌貼住手腳不方便的對側**，如右手腳行動不便，則貼住左側頭部，**以圓弧形方式往後摩動約搓半小時，磨擦生熱後，帶動氣血，身上的氣會在此加強振動。這是對中風患者能產生務本清源、最具功效的運動。**

巴金森症調腦氣

巴金森症是由於腦電異常放電，陰陽不平衡產生的症狀，我們人體是一個活的能量磁場，潛藏無限生機、腦部是密密麻的神經，只有電（磁場），有時因內在耗弱或外在受傷的因素，造成腦部氣血循環錯亂不協調，以西醫學而言，此乃腦電異常放電，**醫治的方法是調整腦電流，其實就是調理腦之氣**；氣是可以測量出電流的。

巴金森症使一個健康的人，突然手、腳顫抖，步履蹣跚，不能自主，這是因為頭部氣血循環不良，也就是腦部所需之營養無法送達產生的後果，尤其是缺乏**胺**，它是一種礦物質，**有導電的功能**。

人身是由經絡聯綴成的生命磁場，磁場不對時，病氣會停滯，氣會變涼，無法帶動血液，血液循環不好。故欲治療巴金森症，首先得消除腦之病氣，依賴氣功之氣，帶動膽經之氣，給予能量，恢復腦部氣血循環順暢的功能。

我們頭部氣血歸膽經管控，藉由脈疹儀可測出膽經的波，因氣帶動血，血液跳動發生頻率，而呈現倍頻的脾經和膽經具有共振、互補的作用，**故補腦須從脾補起**，氣會往腦走，細節可參照「憂鬱在心頭」一文。

平日可用十指梳頭，由頭頂梳往腦後，以及從兩旁太陽穴梳至腦後再往下梳，如此膽經氣血疏通，血氣往上走，營養即能送達，讓頭部氣血循環恢復正常。

巴金森症患者，往往心氣較弱，這可從膀胱經之心俞穴找出病氣，心俞穴位於第五胸椎棘突下旁開一寸五分處，心俞為轉輸心臟精氣內外相應點，心臟血管由此穴所掌握，宜將此開關調好。

另外可由勞宮穴補氣，勞宮位於中指端掌橫紋上，氣上手後，再集中於食指，斜側點勞宮，注入心臟，一般人亦可以左右手輪流搓揉勞宮，使之發熱，因勞宮爲中焦血的迴流圈，可補心氣之不足。

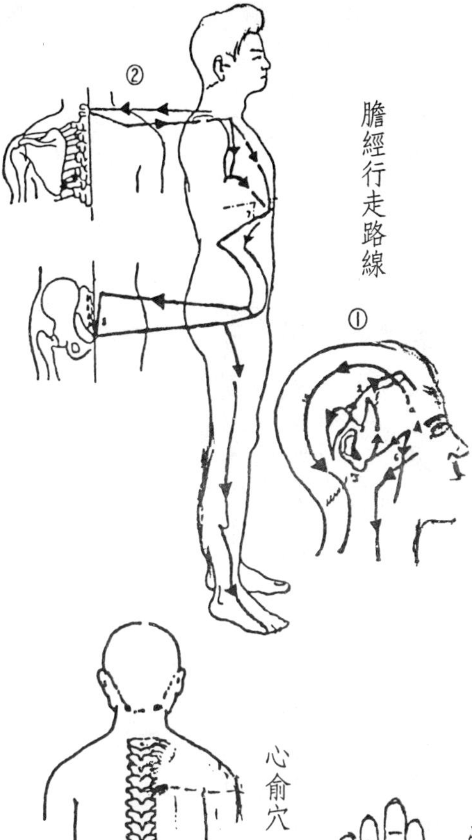

膽經行走路線

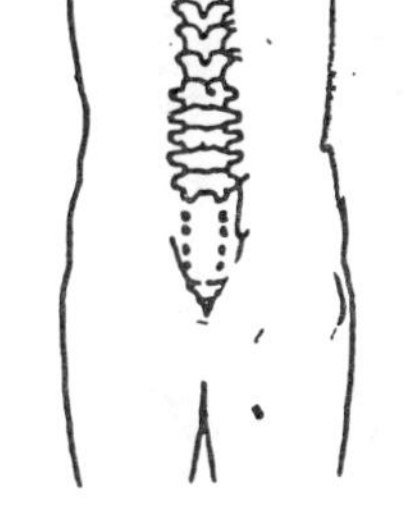
心俞穴

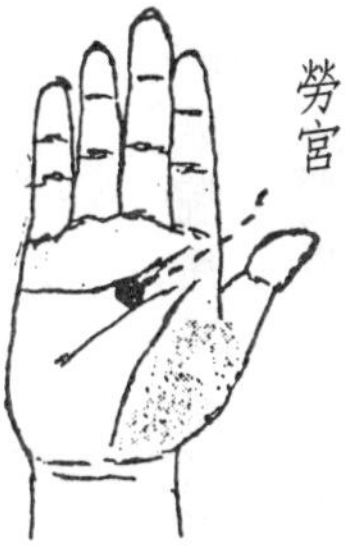
勞宮

氣喘

每當天氣轉變，空氣潮溼，氣壓變低時，最容易引發氣喘的症狀，常見氣喘患者上氣不接下氣，呼吸困難，面色蒼白，還有咳嗽，或喉中咻咻作響！

海島型氣候潮溼，加上空氣污染日益嚴重，我們的氣喘病患日益趨多，所以氣喘病可謂與地域性有連帶關係的病症，很多氣喘患者移居氣壓高而乾燥地區就有重獲新生的感覺。

氣喘病是心肺功能較弱，尤其是肺部，以及氣管、支氣管的問題所致，通常心臟瓣膜下垂，不能密合時，心臟打出的血液不夠，運送至各器官的血液不完全，如此營養、氧氣不足、肺部功能不好、彈力不夠、粘膜腫脹、分泌障礙呼吸，以致發生氣喘。

支氣管會因過敏，而引起收縮，造成呼吸困難，故須遠離花粉、塵蟎、化學品、細菌及造成自己過敏的東西。

一般氣喘患者身上往往備有氣管擴張劑，以防呼吸困難時自救之用，其實真要保護自己，首要宜將造成氣喘之源，肺部及氣管咽喉的氣血循環處理好，因氣不到的話，血亦無法到，那麼氧氣、營養、白血球都無法送達，如此細菌不能消滅，容易造成感染發病。

所以我們要改善肺部、支氣管的循環：

㈠**打開肺氣排出的樞紐，將中府穴**（鎖骨中線旁開二寸處）；**按摩，沿著肺經走向往外帶，至大拇指，並將大拇指翹起，將肺熱引出。**

㈡搓熱**天突穴**（位於胸骨切跡之中央）與**膻中穴**（位於正胸中兩孔間），從天突至膻中之間上下摩擦或撫氣，帶動循環。

㈢**大椎穴**（在第七頸椎和第一胸椎棘突之間），以及左右五分（**定**

喘穴）處摩擦發熱。

如此改善上焦呼吸器官之氣血循環、增進心肺之功能，必定心氣舒暢，不喘不咳。

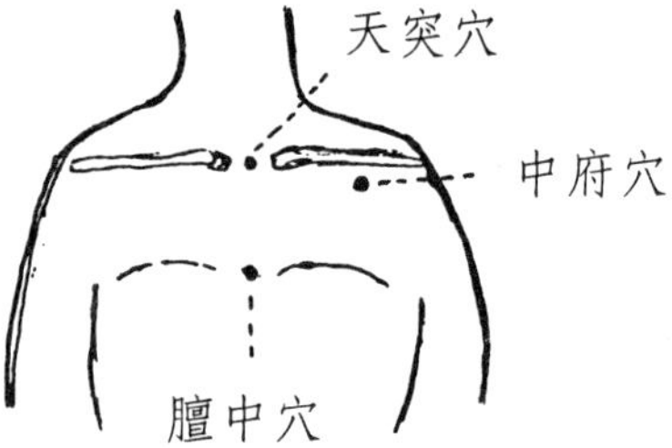

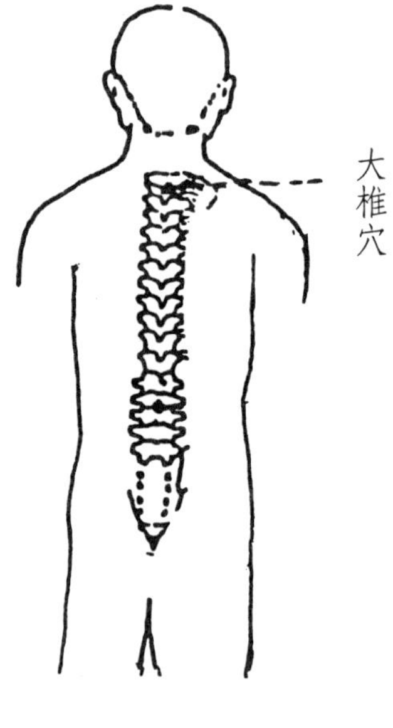

感冒

傷風感冒，輕則皮表，重則及脾胃，切勿輕忽感冒，因為感冒時身子較弱，許多病菌常常趁虛而入，如肺炎、中耳炎、腦膜炎等，造成一種永遠的傷痛。

那麼如何增加抗體，健全我們的免疫能力，即是一項非常重要的課題，咱們若能扶陽培元，衛外固中，使陽氣旺盛，則病邪不易侵犯。最好能到樹木茂盛的地方、山林公園都好，吸取植物經光合作用產生的氧氣及氛多精。有人習慣抱住樹木採氣，實在浪漫過矣，其實我們只要張開左右兩個手掌，離樹身一寸，即可感覺到手心的溫度，如果發熱的話，表示你採到真氣，反之，則表示你的氣為樹所吸收，這是大自然的奧妙，平常人還是少試為宜。

又是流行性感冒猖獗的時節，辦公室的同事們一個接著一個應聲而倒，有人開玩笑說，輪到我這兒就會ＰＡＳＳ過去，果然如其所料，我是碩果僅存的一位，這可是氣功修鍊到一定程度的功效呀！

除了練氣能改變體質、增加抵抗力外，尚有飲食與穴道按摩的方式來幫助改善感冒的症狀。

飲食方面——

①喝紅糖生薑湯，生薑有散邪發汗的功用。

②喝冰糖檸檬茶，檸檬取其維生素。冰糖則有化痰的作用。

③喝薑燉雞湯，具滋養驅寒作用。

穴道按摩——曲池、合谷配合按摩，可以清熱散風，稱為治療感冒特效穴。

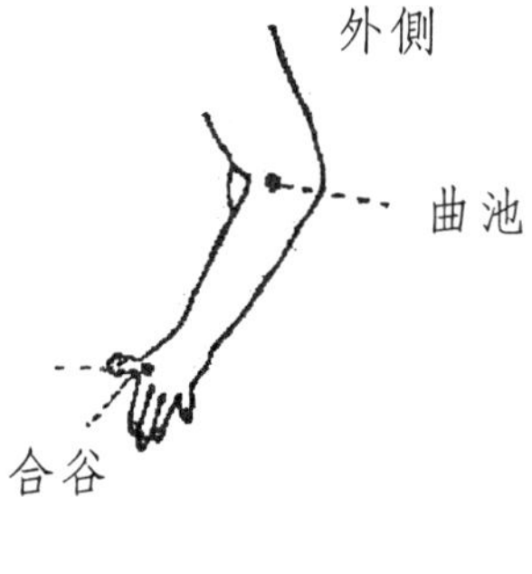

腎好美吾髮

腎於五行中主水，受五臟六腑之精而藏之，精氣足血就充滿，其精華呈現於身體外貌的是頭髮，宛如一片肥沃之土壤草木扶疏。

一般女性朋友幾乎十之八九都有腰酸的問題，站久了、坐久、提重物、行房後、休息不夠時都會感到腰酸，因為習以為常，也就不以為意，其實腰腎功能正常的話是不會酸痛的。

內經上說：「腰為腎之府，輕搖不能，腎將憊矣。」如非外傷所至，大都是屬腎氣虛弱，精氣不足之症。**腎氣虛是腎功能不好，可注氣於命門，**即肚臍所對背部之處，**鍊氣時，意守命門，能暢旺腎與下腹之機能。**

腎經運行的時辰在下午五時至七時，將雙手搓熱後再按摩雙腎。腎功能不好會**影響膀胱**，須多喝水，來排除尿酸。欲增強腎與膀胱之功能，尚有一個功法可行，**我們可於小便後，以手之刀背，即大拇指外側至腕關節之間，搓熱尾椎部位，約兩分鐘左右，將身子稍微往前傾，**會有熱感出現，尾椎部位通常被人疏忽，這裡**有些穴位可治療泌尿系統以及生育婦科之疾病**，一天作數回，自能得到改善。這些重要的穴位即上髎（位於第一　骨，孔挾脊陷中）、中髎（位於第二　骨孔挾脊陷中）、中髎（位於第三　骨孔挾脊陷中）、下髎（位於第四　骨孔挾脊陷中），這些穴位可多摩搓發熱，帶動氣血循環，對婦女病俾益良多。

腎臟方面，可**按摩兩個腎俞**，位在第二腰椎棘突下旁開一寸五分處取之。

萬一腎萎縮、衰竭時，可按摩腎俞和三陰交（在內踝中點上三寸脛骨後陷中取之）；因是足三陰經會合處，位極重要。並於腎經運行路線

（腎臟以下的部位）進行推拿或撫氣，可讓腎功能恢復正常。**腎功能好，能影響腎上腺分泌正常**，因此，若你見到白髮皤皤的老**人再生青絲**，也就不足為奇了。

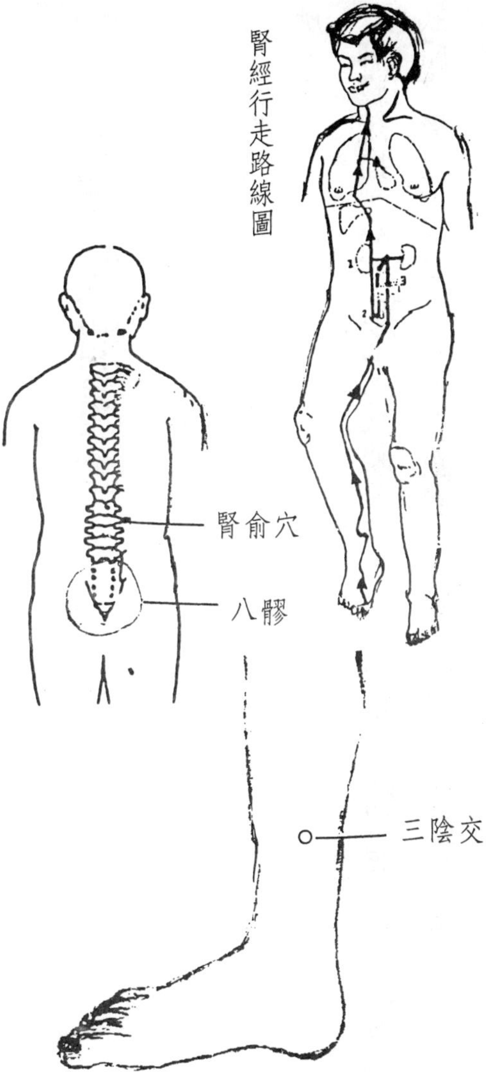

糖尿病不消渴

糖尿病又名消渴，是一種燥症，主要成因是體內脾、胃、腎過於燥熱所引發。

脾臟統血，分配血液，代謝血液，一旦脾臟代謝功能失常，就會影響胰臟之機能，於經絡學上，**胰臟乃附屬於脾經**，故脾臟失調時，胰臟機能亦退化，那麼它所分泌的高血糖素荷爾蒙胰島素，作用在左右糖類之代謝，如果機能減低或停止，血液內血糖增多，隨著血液通過身體各部，可能導致侵害身體某些部門，甚至發生血管硬化。

一般血行須經腎臟之透析作用，將血液中不乾淨的雜質排解，其他好的血液可再回流，若是胰臟分泌之胰島素太少的話，糖類無法分解，結果皆由腎臟排出，以致無法回收，也就形成糖尿病患者之三多——吃多、喝多、尿多；雖吃進去的多，卻又對身體無益處。

糖尿病患者，卻防止血糖過高，所以飲食必須禁忌糖份的攝取，澱粉質多的飯、麵少吃。此病屬內臟燥熱，故玉米鬚煮湯、綠豆湯對解渴除胃熱有助益；山藥則對口渴、小便次數減少有利宜多食用，另外南瓜妙用更大，它能使胰臟機能轉好，輕微的糖尿病更可因此而治癒。

因為**糖尿病是由於體內脾、胃、腎燥熱引起**，針對於此，在脾經與脾臟方面可**按摩脾俞**（第十一胸椎棘突下旁開一寸五分處）、與大包穴（第七肋間隙前鋸肌中）**因脾經會影響胰臟，大包可刺激循環，刺激胰島素之分泌**。

胃部可按摩中脘，在臍上四寸取之。**足三里**，於膝眼下三寸處取之。

腎臟方面，可按摩兩個腎俞，位在第二腰椎棘突[redacted]。

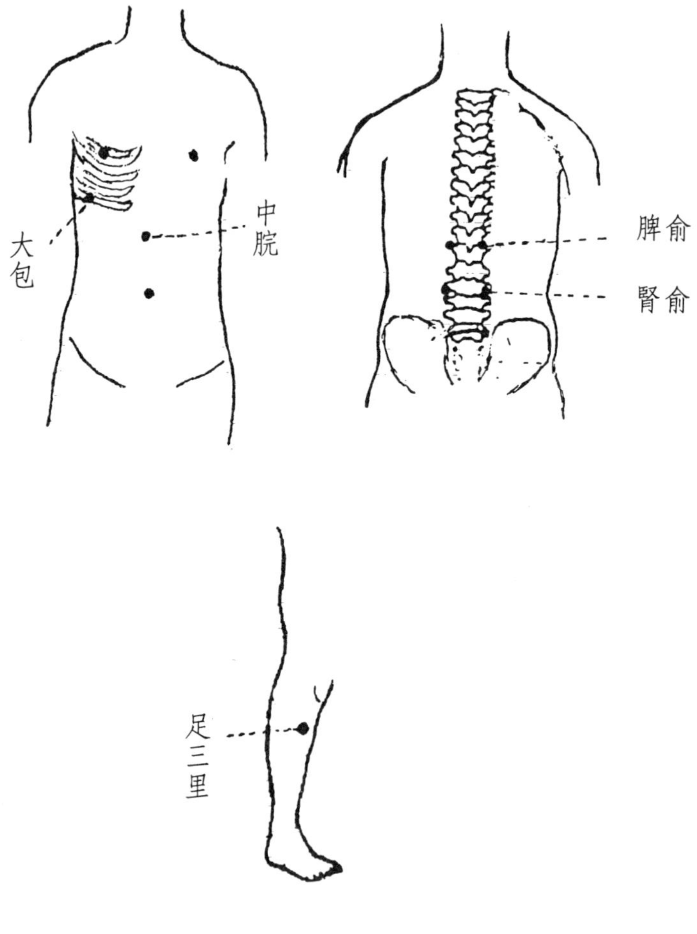
中脘
大包
脾俞
腎俞
足三里

太倉之疾

㈠胃酸知多少

上班族經常以「來個胃乳片如何」，作為抒解胃悶、胃痛的方式，工作緊張壓力大，都會造成胃血循環不正常，胃液分泌失調，造成胃部悶、脹、氣弱和疼痛的症狀。

C小姐大熱天看人吃冰，卻毫不動心，因為她胃部怕冷，吃冰涼食物胃會痛，痛起來還會吐酸水，所以一年到頭不論寒暑，她都吃熱飲，桂圓薑茶即是她的最愛。

胃乃後天之本，我們食用的五穀雜糧蔬果，皆靠胃分泌胃液來消化分解，一旦胃功能不好時，食物消化、吸收不良，元氣必定大損，胃循環不正常，血液不均勻，胃血過多時，循環過盛，胃酸分泌太多，容易造成吐酸、反胃的現象，若不加以調理，嚴重者就會成為胃潰瘍。

胃血分泌過少時，胃酸相對的減少，就會影響食物消化，同時胃氣變弱，胃壁轉薄，無法吸收養分。

胃酸分泌過多或不足，我們可以抽取胃液檢查得知，所以當有人說胃不舒服時，可不能一味的送胃乳片，制酸劑，來緩和對方的症狀，因為**服用藥片不過是暫時中和胃酸，不致過量而已，過後，又會大量分泌胃酸，可謂治標不治本。**

反之**胃酸分泌過少時，隨便服用制酸劑、胃乳片，則更會影響消化**，因為原來胃酸不夠，還加以控制，當然會加重它的症狀。

如果胃部發生脹、痛、胃納不佳、嘔吐情形時，我們必須強健脾胃的功能，促進新陳代謝的作用，可按摩或撫氣**公孫穴**（於足背最高點向內側移按，當骨邊陷中）；和**乳中穴**（位於乳頭中央），以及撫氣或用艾條灸**中脘穴**（於臍上四寸）。

公孫雖為脾經但為分走胃經的絡穴，故能將胃病治好。

乳中穴屬胃經，經絡上的穴位大致呈等距離，且經絡旁有動脈、靜脈，故若做過乳房切除術以後，因胃經受傷、切斷，胃氣吸收不足，會影響胃之功能。

中脘穴屬胃經，所謂「腑會中脘」，**六腑交會於中脘，故胃部的毛病可由此得到疏解**。

㈡胃潰瘍

胃酸過多的患者，如果未能善加調治的話，久而久之，會造成胃潰瘍，**脾經與胃經互爲表裡關係，脾臟功能好的話，也能加強十二指腸的功能，假使胃酸分泌過多時，十二指腸分泌會將胃酸中和**，反之，脾臟功能不好者，胃酸無法被中和，而且胃粘膜的血液循環不良，該部位的抵抗力減弱，倘使受到過多的胃酸刺激、侵蝕了胃壁，就會產生胃潰瘍，所以我們知道有很多患者在十二指腸與胃之交接點患了胃潰症。

胃潰瘍患者飲食方面宜少量多餐，以免飽脹時，傷處會痛得更厲害。平日可吃饅頭、蘇打餅使酸鹼中和，其他含膠質的食物如山藥生吃、蹄筋類、白木耳等對胃粘膜有助益，切不宜暴飲暴食，吃大量酸性食物如柑橘等，以致使胃酸過多，胃出血，甚而發生胃穿孔；胃液侵蝕腹腔，併發腹膜炎。

胃潰瘍最嚴重的，還會導致胃癌，因為胃潰瘍、出血，易腐爛、調理後會結疤，如再患又腐爛，終致產生毒素的東西來。

我們宜善待中空的胃，勿讓它承載太重，滿溢為患，納不下任何東西；留給它一個自在的房間，使它能運轉自如。

57　太倉之疾

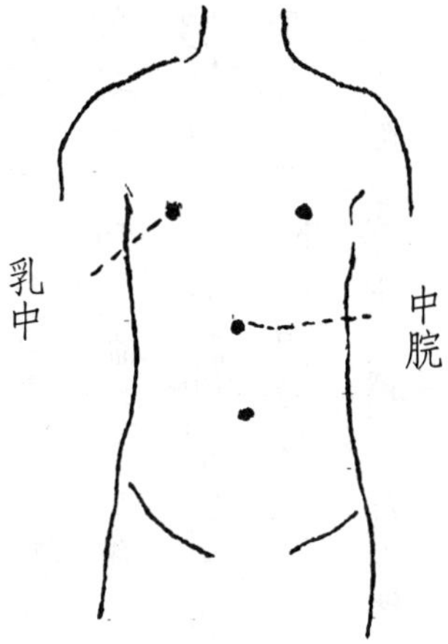

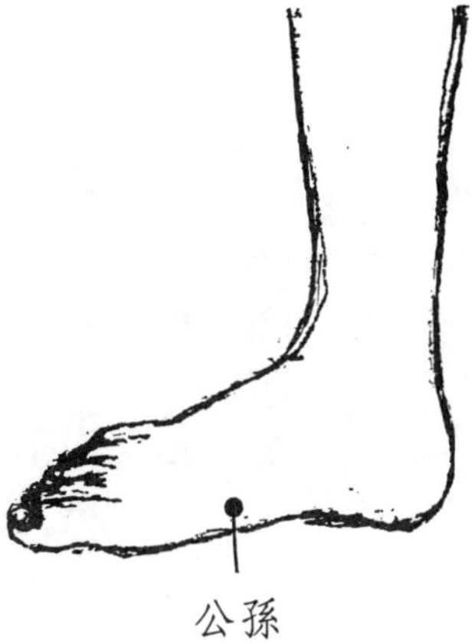

脾氣不好影響月事

「脾氣」乃脾臟之氣，脾臟統攝血液、分配血液、代謝血液，主要憑靠脾臟之氣來回收血紅素，代謝紅血球衰壞的細胞，故**脾之氣不足、不好則影響女性朋友經期不順，血量不足或過多的問題**。

如果月經來時時間過長，經量超過平時，稱之月經過多，反之月經時間太短，經量亦少則稱之月經過少。凡月經期、經量、血色不正常都屬月經不調。

有關**月經失調**的問題，可**撫氣或按摩脾經之血海**（正坐垂足，以手按於膝上，拇指向內；指端處是穴），**三陰交**（於內踝中點上三寸脛骨後陷中）兩個主穴，循行方向是由下往上，有疏通氣血、通經行瘀的作用，只要氣血循環正常，月事自然順暢。西醫往往使用荷爾蒙來治療月經不調的症狀，主要是因為女性荷爾蒙有活血化瘀、促進循環的功效，但近來因世界衛生組織宣佈女性荷爾蒙藥劑有致癌的後遺症，所以婦女朋友還是謹慎為妙。

當月經延後時往往伴隨著臉孔發熱、情緒不安、肩膀酸痛，這是因為應排泄的廢物還留在體內的原故，**刺激三陰交有催血的作用，反之月經過時而不止可刺激脾經之隱白**（於腳拇指內側爪角約一分許之處）止血。

平日灸隱白約五分鐘，可幫助調血調量，至於血崩，大致為氣虛所至，大氣下陷無力統帶、管制，故血順流而下，此時可以燈心草，沾上沙拉油點燃，敷於隱白，小腹自然收縮，停止血流。

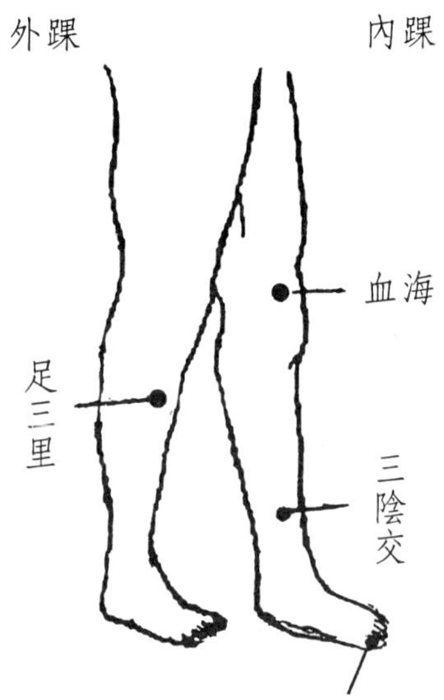
外踝
內踝
血海
足三里
三陰交
隱白

夜貓族慎防肝膽病變

常聽朋友提起以前熬夜是家常便飯，中年過後，一旦熬夜則頭昏腦脹眼花，渾身不對勁，這就是老化現象，身體機能退化，陰陽不協調生物電無法平衡的緣故。

E世紀產生的電腦一族，戀愛電腦不捨，讓眼睛隨著網路出走到天涯海角，往往夜半鐘聲都無法敲醒遊心，如此晨昏相反，顛陰倒陽。久而久之，自然百病叢生。

我們依著太陽照射的強弱，**早上九點至下午三點是陽氣最盛的時段，晚上九時至上午三時是陰氣最盛的時段**，如果於白天活動，就能接受太陽的能量，產生更多的生物電，讓我們更有活力，夜晚則適合讓身心休憩，溫養自己。至於出差或旅遊時，常會因為時差問題，使生理機能無法正常，此時有了簡單易行的辦法適用，只要脫下鞋襪，光著腳丫，踩於土地上，利用地心引力，將錯亂的生物電重新組合成有條理有規則，具有恢復經絡血氣暢順的作用。

夜貓族的朋友，影響身體五臟的部位最大的應是肝經，一天十二個時辰，配合人體十二經絡之運行，而肝經運行時辰在凌晨一時至三時，這時應該好好睡覺，因為肝主血，這個時辰肝會將身體之血液收回貯藏，你若通宵達旦不睡，可能臉色就會發青，**有些人睡覺時手腳會抽筋**，就是**肝功能欠佳的現象**。如果經常熬夜的人，年輕時生命力旺盛，尚可支撐，一旦步入中年，很容易產生肝病變。

由於**肝分泌之膽汁**，**是膽囊負責貯存以幫助消化問題**，膽囊管通十二指腸，又有細管通達胰臟，**若膽囊管阻塞**，**膽汁無法抵達十二指腸**，**可會回流到胰臟**，**影響胰臟作用**，如此，將會缺乏胰島素之分泌勢必造成糖尿病，所謂「肝膽相照」，只要肝之氣血通暢，膽的功能就會健全。

至於如何紓解肝膽之氣？因為整個肝臟只有氣、血，所以我們可用撫氣法（即手搓熱，或有氣感後），以雙手撫肝，不直接碰及皮表，隔約一兩吋，待肝臟部位有溫熱的感覺，再轉動雙手，約五分鐘後，隨著肝經路線往下行，從足拇趾與次趾趾縫之「行間」穴出即可，練時可至園林處，讓足尖對著樹木，居家時，則對著木製家具來習練，因爲樹木會吸收病氣，用撫氣法以意念帶出病氣，樹木會照單全收。

膽經之紓解，則可按摩環跳和陽陵泉兩個主要穴道。

另外運用吐納法，集中意念至肝臟，將氣引到肝臟，吐故納新之際，溫熱之感會充塞整個肝臟；如此肝之氧氣充足，病氣自然散開，不會凝聚，壞的細胞則因不嗜氧氣，失去生存的必備條件，自然會凋敝萎縮，如生腫瘤也會消失。

另外要注意心性之修養，如過分煩惱、心情鬱卒，都會鬱結肝氣，所以凡事看得開，身外之物勿執著，天生我材必有用，每日靜坐養氣，一方面強健自己的精神，一方面涵養自己，讓心存正念、善念，時日一久，磁場會隨之改變，也能遇到好的因緣。

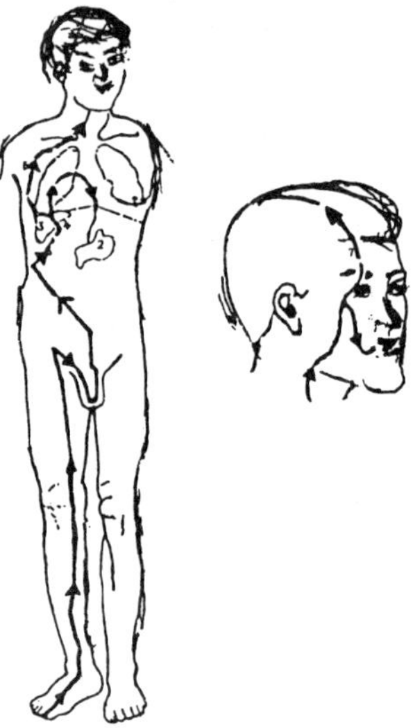

肝經行走路線圖

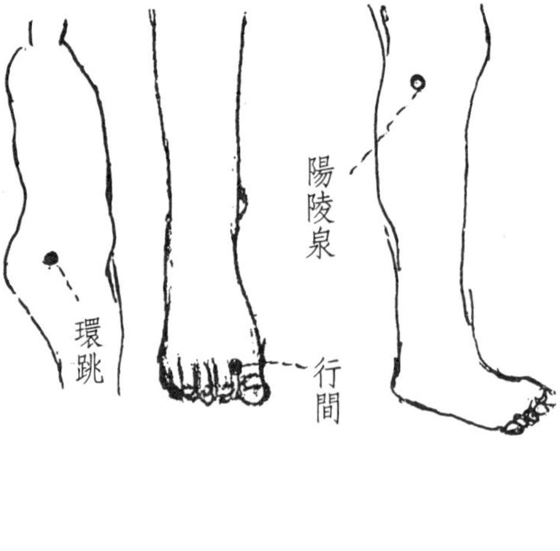

揮走貧血陰霾

「太太、小姐買把暗紅菜，對身體好喲！」菜市場裡常能聽到這種叫賣聲，暗紅菜富鐵質；價錢又便宜，不失為最經濟的補血療法，若能以豬肝或雞肝同煮，因肝貯血，對補血自有其功效，此乃同物同治的道理，一般貧血的人只要多攝取新鮮蔬果以及鐵質豐富的食物自可得到改善。

至於嚴重貧血的人，會感覺全身倦怠、食慾不振、頭暈眼花、臉色蒼白無血色等症狀，究其原因不外乎造血功能不正常，如紅血球生長減退，崩壞的比生長的還快。以及由於出血而流失大量的血液。

一位寫詩的朋友因受到風寒，又過度勞累，身體一時完全脫軌，全身倦怠，體重急遽下降，沉寂多年的痔瘡再度發作，痛苦不堪，原本嗜吃零嘴的他，竟然了無食慾，似乎走到路的盡頭，著實令人捏一把冷汗，經過重重檢查最後謎題揭曉，原來是地中海型貧血。紅血球又小又少，達不到標準數量的一半。

有關血液的問題：我們需要有個概念，即脾臟統攝血液，分配血液，代謝血液，靠脾臟之氣，來回收血紅素，代謝紅血球敝壞的細胞，所以一旦耗掉的血比營造的血多時，可刺激脾經的隱白（於腳拇指內側爪角約一分許）來止血流出。

內經有云：「血會膈俞」，膈俞位於膀胱經上第七胸椎棘突下旁開一寸五分處，是所謂的「神經節」，控制神經的點，亦即管控血液的樞紐，凡一切造血功能失常、貧血、血癌的問題，皆可由此得到疏理，增進自身免疫能力。

67 揮走貧血陰霾

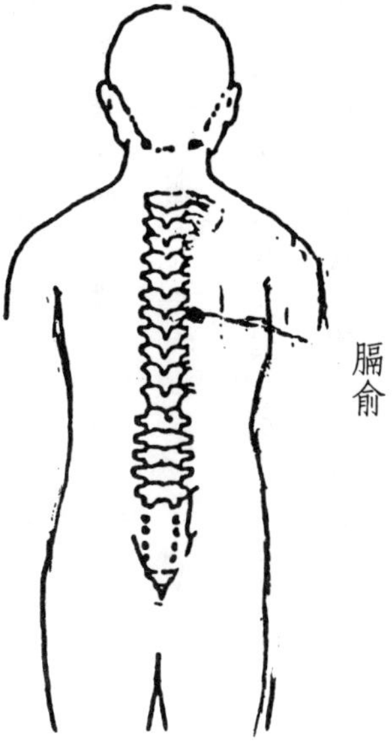

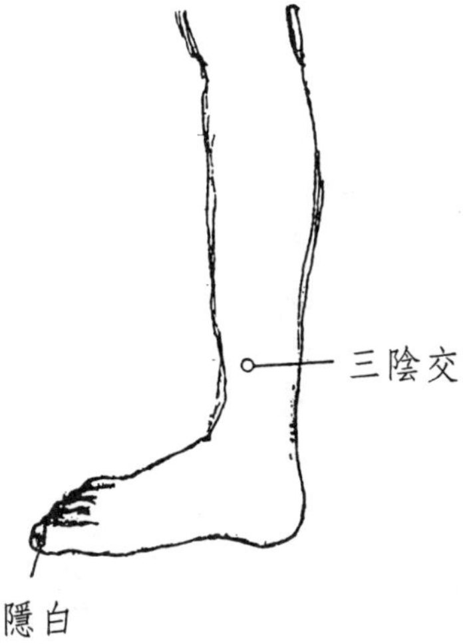

憂鬱在心、頭

一學生因父母期望高，長期升學壓力、緊張、焦慮的心情導致夜不成眠，喃喃自語或呆若木雞……

ＳＡＲＳ蔓延時，很多人擔心被感染，一有動靜即恐懼到極點，以致心神不寧，終日洗手，不與人接觸……

九二一地震波及的一些災民，因家庭遭受變故，親人死亡，身心困在悲慟之中，乃至精神渙散，不自覺的流淚，不知所措……。

一位退休人員，因為生活失去重心，精神無所寄托，抱著偌大的家財，不太與人交往，又不愛運動，終日無所事事，夜夜無法睡覺，以致精神恍惚，終至跳樓自殺。

總括這些憂鬱症患者，大致是焦慮過度。由於精神受到打擊，希望落空，心神不安，陷入極端苦痛中，無法自拔，因為過分思慮，不能睡覺，導致頭部氣血循環不良，常常如此；則形成惡性循環，倒果為因，變成頭部氣血錯亂而不能睡覺，導致或輕或重的後果。

我們由心臟打出血液到頭上是由膽經所管，醫學上的脈疹儀可測量出血液跳動是有頻率的，用脈疹儀於頭上量經絡，可量到膽經的波；因此我們知道頭上的血是由膽經所管控。

通常頻率相關的經絡皆有連帶關係，具共振、互補的作用，由脈疹儀測出脾經的頻率3，膽經頻率6，呈倍數頻率，故補腦須從脾補起，氣會往腦走。

首先搓熱脾經之「**大包**」，大包穴位於腋窩與第十一肋骨端連線的中點處，因其位在脾經之末梢，亦靠近**脾臟**，反射作用強，**另外刺激隱白**（拇趾內側爪角的一分處）、**三陰交**（足內踝上三寸骨後陷中）讓脾經氣血循環好，即可補膽。

平日可用十指梳頭，由頭頂梳往腦後，以及由兩旁太陽穴梳至腦後再往下梳，如此膽經氣血疏通，血氣往上走，營養即能送達。頭部氣血循環正常，自然不會有睡眠障礙的問題。睡眠好，精神好，內分泌恢復正常，自然身體健康。

但是憂鬱症屬於心理、精神方面的疾病，若不能從心靈方面加以開導建設，勢必無法根除，所以患者的家屬朋友須要耐心的陪伴他們一步步走出心靈的幽谷。

培養樂觀開朗的心情是憂鬱患者最佳的心靈補劑，即使身上只剩一塊錢，最好能開心的認為自己還有一塊錢；即使自己一無所有，且試想，有些病人須靠氧氣筒呼吸、不能喝水，但自己擁有生命、空氣，自在喝水、吃飯、走動，只要一絲光線，人生就有希望。

想想過去美好的往事，曾經幫助我們的那些溫馨畫面，讓心中充滿知足、感恩，綴連這些動人、誠摯的吉光片羽，形成一張快樂閃亮的網子，使自己充滿希望。

不要只依賴身邊一兩個人，最好能廣結善緣，讓觸腳延伸；人生多開一扇窗，即多一片視野，亦多一條出路，開發自己的價值感，去幫助別人，或者讓別人來幫助自己，滿足自己也滿足別人，當我們能站在別人的立場設想時，也就不會憂鬱自己了。

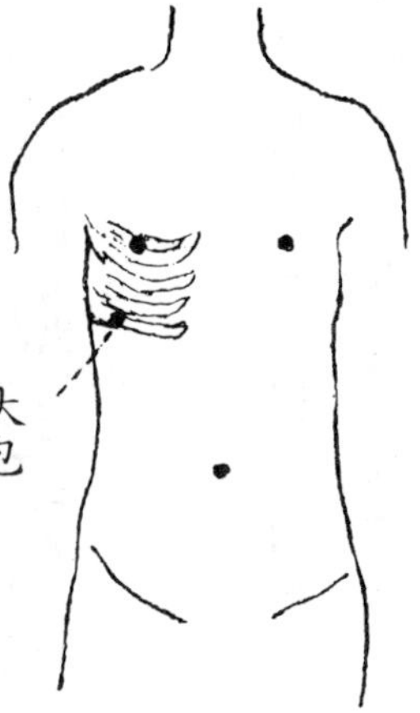

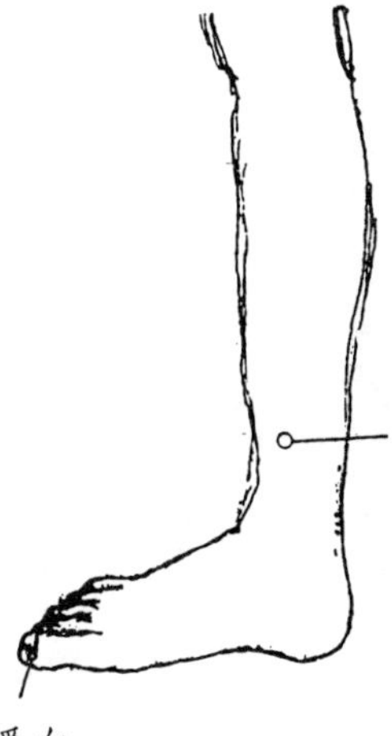

「妙用無窮話丹田」

我們常聽說氣貫丹田，精滿氣足，疏通百脈，究竟丹田何在？自古以來即為修道人所爭議，且有人故弄玄虛，令人不知何所適從，其實丹田分為下、中、上三丹田，亦即我們人體內練的精、氣、神。

下丹田是我們培本固元之所在，地位極其重要，但卻無實質的丹田空間，它涵蓋整個小腹，臍下三橫指底一點，乃丹田之中心點，仙道嘗謂之練丹，即是於此修功法，或以練氣法，使丹田附近的組織液充滿。

（所謂**組織液，是我們體內之細胞需靠血液來傳送營養**，細胞與細胞間隙有組織液，血液的營養會送至組織液，氣功學稱之為營氣，氣足者較能推送，氣弱者無法傳遞營養，則組織會壞死。）

練丹田之氣，同時會在組織液產生似膏狀物，即是氣的濃縮物，它帶電富磁場，有能量，丹練成時，可形成一個反應爐，發射能量。

練丹田之氣可以先天之氣通過命門（生命之門），來鍛鍊後天之氣，丹田至命門，為腎氣所在，乃生命之根，呼吸之源，可練精化氣。我們做腹式呼吸，尤其是逆呼吸法，一吸腎氣提起，一提便咽，將心氣咽到臍，使腎水與心火相濟，也方能閉息蓄氣。

下丹田練精，中丹田練氣，位於胸口膻中，上丹田練神，位於眉心印堂處，鍊家子須逐步築基，不能妄想一步登天，否則有不良後果。

練丹田之氣時，若能使氣藉著旋轉、共振、壓縮的方式習練，不似呼吸法只有絲線般的氣行，而是一大束的氣機運行，更能快速聚氣、傳送，達到互補的功用，一旦精、氣、神三丹田貫串時，除了百脈通暢，尚可接收外界之訊息，臻致如如不動，卻又了了分明之境。

陰陽協調使你健康

使自己活得更健康的方法很多，如充足的睡眠、均衡的飲食、多做有氧運動、接近大自然、保持心靈自在快樂……等，無非希望獲得身心舒暢、健康、少生病、氧氣足、充滿活力，其實只要藉著氣功靜坐的練習，即可達到回復青春的效果。

陰陽不協調是導致身體健康受損的主因，我們知道**胎兒在母體時是頭朝下，身軀往上的姿勢**，以陰陽五行言之，**心下腎上**，而心屬火，腎屬水，即心火腎水彼此相融互濟，**水火陰陽彼此協調，一旦呱呱落地後，臟器上下交換成爲心上腎下，水火不濟，容易疲勞生病，如此可做逆式呼吸，來幫助我們蓄養精神。**

所謂逆式呼吸法，即吸氣時腹部收縮，胸部擴張，呼氣時，心口放下，腹部脹大、逆式呼吸法，吸時可將腎氣提起至膻中，呼氣時，亦能將心氣送達臍後，讓腎水與心火互營互補，故能養息蓄氣。試看我們的小朋友們，明明玩得精疲力倦，可說是倒頭就睡，一覺醒來又是生龍活虎般精力充沛，為什麼睡眠帶給他們如此神效呢，原來他們睡覺時進行的呼吸法即是逆式呼吸，使他們很快恢復疲勞。

如果以太陽光照射於地面上的強弱來分，早上九時至下午三時是陽氣最盛的時段，需要鍛鍊身體的人，最適合於此時做來防曬準備，選擇空氣清新，充滿樹蔭的園地，練深呼吸，採取樹氣，更換體內不好的氣，讓細胞充滿氧氣，並使結締組織活性化，減緩老化的現象。

晚上九時至凌晨三時是陰氣最盛的時段，最好能生養將息，尤其凌晨一時至三時是肝經運行之際，如果這個時段還未就寢，勢必造成身體日益衰弱，免疫力也跟著降低。

所謂人法地，地法天，天法道，道法自然。我們觀察大自然物象，一切都循著一種規律在運行，如果違背自然行事，很快就會遭到天譴，天道無心；萬物該榮則榮，該晦則晦，我們是隨著太陽起落的地球人，自古以來，先人們已經研究出我們人體經絡運行循著太陽光照射有一定的時段，所以該休息時就要休息，該動作時就要動作，切勿一向貪歡，斷送健康無數。

僵直性脊椎炎

僵直性脊椎炎屬於一種免疫系統之病變，患者通常由尾椎骨開始疼痛，若未及時治療，則會延伸至胸椎、頸椎，使整條脊椎變得僵硬，不能彎曲、轉動。由於脊柱除了骨骼、骨髓外尚牽連周邊神經，這些神經乃通往全身臟器的樞紐，故僵直性脊椎炎除了造成行動不便外，更會導致我們內臟功能的敗壞。尤其是肝、腎的功能。

其實**僵直性脊椎炎是脊柱及周邊經絡氣血循環不好所至，氣不動，連帶著血不到**，細胞所需之營養、**氧氣無法供應，所以發生病變**。一般患者於夜眠靜止不動後會覺得病痛，白天因活動的原故，痛感會減輕。

有助於僵直性脊椎炎的運動如游泳、攀足長筋等，皆對伸展背部筋骨有莫大的助益，可多鍛鍊。

至於針對僵直性脊椎炎之治療，主要在大椎穴與命門穴，這兩個穴道有增加我們人體免疫力的功能，命門又稱生命之門，於肚臍正後方，打開生命之門，可讓生命力復元，一些不知名的症狀於此能收到奇效。

大椎穴於第七頸椎與第一胸椎棘突之間，大椎之氣可通到脊椎，並打通脊椎周邊之經絡，傳達各臟腑器官。

所以我們只要在脊椎上做按摩動作，從大椎起至尾椎，由上而下，將整條脊椎摩搓生熱，一日數回，使之氣血循環恢復正常，自可得到功效。

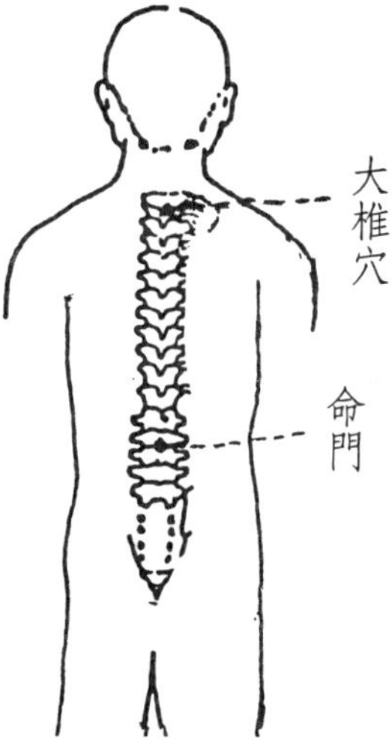

專注心念去腫瘤

一天，突然覺得腹部右下方隱隱作痛，因工作忙也沒去搭理。以為睡了覺就會好轉，未想，第二天疼痛依舊，於是趕緊到婦產科門診，經過超音波掃描，得知是卵巢巧克力囊腫，約莫四公分大小，醫生建議我動手術將卵巢切除，否則會愈長愈大，牽扯層面愈廣，後果堪憂。

以西醫觀點來說，已形成的卵巢腫瘤不會平白消失，但是中醫學，自然療法，一向有去腫瘤的方法，只要不吃偏方，不延誤病情，倒不妨試試，下個月再作決定也不遲。主意打定，於是靈機一動，到空氣清新的花園練呼吸法，將注意力集中於卵巢部位，慢慢地吸了一口氣，注入那痛點，停息兩秒鐘，再緩緩呼出。

優質的空氣，讓卵巢的細胞充滿氧氣，好的細胞自然吸氧而茁壯，壞的細胞因斥氧，故缺乏有利的生存空間，自然而然就會萎縮、凋零，如此卵巢氣血循環通暢，當然不會造成血滯，滋長腫瘤。

在花園練此功法的幾十分鐘後，痛感明顯減輕了八成，使我相當欣喜，我知道一定會成功，呼吸法確是救治我的良方，第二天再練一個鐘頭，疼痛就完全消失。

為了**調理婦女生殖系統之疾病**，**配合按摩脾經之穴位**（大致是大、小腿部內側），尤其是**三陰交**（在內踝上三寸骨後陷者中）及**血海**（在正坐垂足，以手按於膝上，拇指向內，指端是穴位。）**爲要點**，多按摩約卅六次，這樣**必能旺盛卵巢之機能**。

果然四個星期過後，我再度前往醫院複檢，醫生很驚訝的問道：「它幾乎不見了，你到底服用了什麼藥物，有如此神效？」我笑著說：「我只不過發揮一點生命的本能而已！」步出醫院感覺生命如此美好，人生有哭就有笑，有缺就有圓，我邁開步伐，身輕如燕。

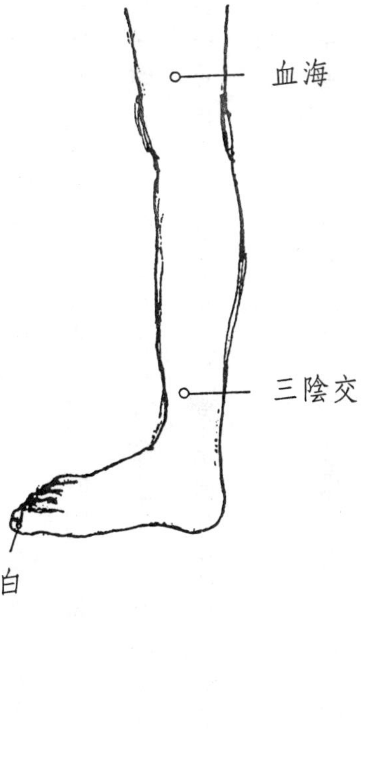

便祕痔疾有神功

俗話說：「十人九痔」，可見痔瘡是很常見的症狀，一個人若長期便祕、飲酒過度、久站久坐、缺乏運動時，腸火困聚，肛門靜脈曲張，破裂結疤，結疤又破裂，形成我們所謂的痔核，一旦睡眠不足或腸火過旺大便乾燥，便引發、磨擦痔瘡出血；由於痔瘡經常出血當然影響氣血虧損，面色呈現萎黃，缺乏氣力。

既然便祕是造成痔瘡的主要原因，那麼飲食方面多攝取纖維質高的食物如甘藷、地瓜葉、胡蘿蔔、芹菜等以及柑橘、蘋果等，以及發泡飲料，促進腸子蠕動，使排泄順暢，更需避免辛辣食物以免上火。

便祕、痔瘡屬於大腸經的範疇，大腸經運行的時段是早上五時至七

時，我們宜在此時排便，以免一些元素回收，反而成為垃圾，危害我們身體。例如動情激素過多時，會排出體外，若我們無法定時排出，它會回流，刺激乳腺，造成乳癌的因素。所以必須養成每天排便的習慣才好。

除了養成每日排便的習慣外，欲防止便祕、痔瘡，就得調養大腸之火氣，因為大腸具有排泄功能，其中火氣過多時，容易形成便祕，火氣太少時又會影響瀉肚子，現在提供一指功，藉作平日保養之用。

首先將雙手置於肚臍兩旁，舉起食指，手腕與手臂呈垂直狀，往前推出，至極限；左右各轉十次，停約五秒鐘，雙手再往兩邊撐開，同樣的前後各旋轉十次即可。

這個功法不須假以時日，馬上即可奏效，宜善為之。

至於已長痔瘡者，**肺經的孔最穴**，於腕側橫紋上七寸取之，**是治療痔疾的主穴**，肺經與大腸經互為表裡、陰陽的關係（我們身體之臟腑，五臟為陰，六腑為陽），彼此的互動，確是有跡可尋，足以印證的，故患痔疾的，按壓肺經的孔最穴，會顯現出痛感，可於此貫氣、按摩或灸之。

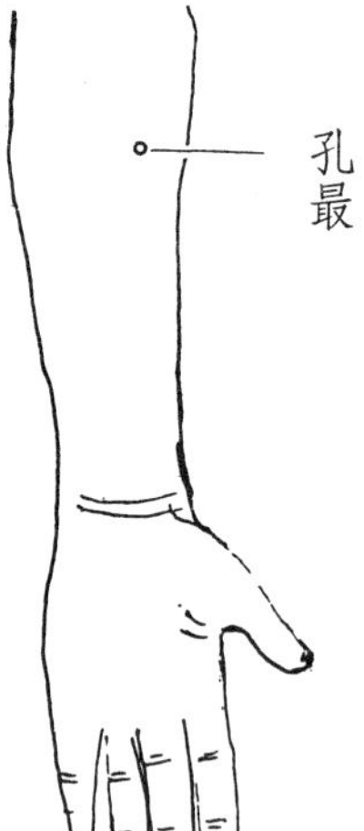

中氣不足時

氣有先天氣與後天氣之別，先天氣指的是元氣、即所謂的腎氣，由父精母血涵養而成。中氣也稱宗氣，為後天之氣，它形成於胸，聚於肺。

想知道一個人中氣是否充足，只須聽其聲即可知悉，在正常狀況下聲音氣弱者，大致是心肺較衰弱者，於此，只要開發他的天突穴與膻中穴，即可改變他說話的聲勢。

天突位於胸骨切跡之中央，此穴是我們呼吸系統肺、氣管的要穴，只要於此摩搓生熱，久而久之；肺氣一來，自可影響旺盛中氣；讓聲音得到共鳴、宏亮。

天突穴與膻中穴位於任脈上兩點，成一直線，膻中位於正胸中兩乳間，於天突至膻中之間以雙手輪流由上而下搓動至熱，貫串心、肺之氣，可使中氣十足。

當我們到郊外爬山或上百層階梯時，這可是對身體健康狀況的一大考驗，每每有人臉色發白，上氣接不到下氣，喘息不已，心跳砰然，顯而易見的此乃中氣不足所致。

有一個簡單易行的方法，可以使我們健步如飛，面不改色，不息不喘，那就是利用我們雙手的勞宮穴，位於掌心第二、三掌骨間掌紋上，我們可一邊爬山一邊用雙手作不觸的摩轉，如此可使手心發熱，因為勞宮是人體內血液的迴流點，它可通達心氣交會的膻中，故這個動作，能讓我們心氣充足，登高山如履平地。

我們的身體蘊藏無限的生機能量，所謂天生我材必有用，只要能夠善加珍惜、體會、開發，即使先天不良者，尚可藉後天的力量化腐朽為神奇。

87　中氣不足時

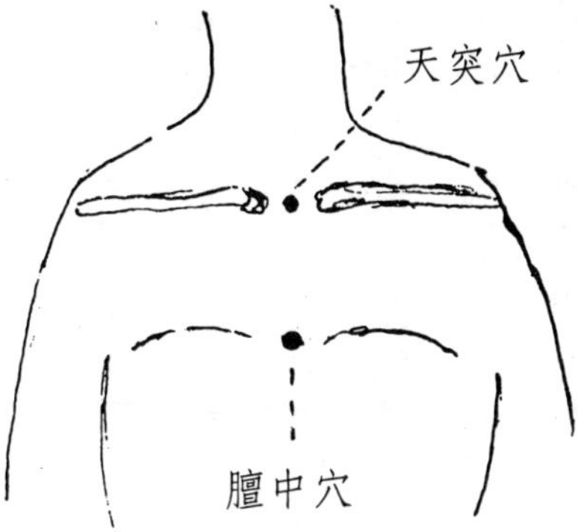

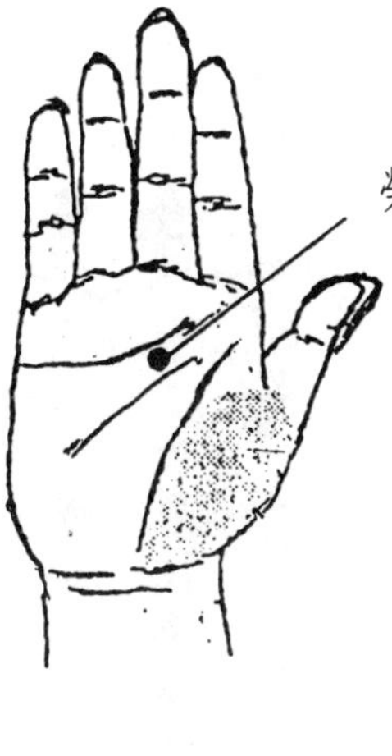

風疹起兮邪熱生

風疹又名風疙瘩，一般患者往往在寒暑相交之際，更容易發作；風疹起在耳後、頸項，尤其腹部、臀部特別多，隆起成塊，或局部，或全身；奇癢無比，搔抓即變紅高突，有如患風邪發燒般，一般民俗療法，常用酒精或是米酒擦拭患處，再用被子蓋好，幫助發汗、散熱。睡一覺，即可得到疏解。

身體虛弱過敏體質的人易患風疹，由於胃腸功能不好，吸收能力差，營養異常，肝臟解毒功能不好，新陳代謝差，都會造成邪熱相搏於皮膚肌肉之間造成風疹，亦有很多對食物或海鮮過敏，容易誘發風疹，於治療期間宜禁食。

欲調理腸胃，胃經之足三里（於膝眼直下三寸）之止壓，有調整胃腸運動與分泌機能的作用，促進新陳代謝、增強抗力。另外可多飲用鹹性水，攝取鈉、鉀、鈣等礦物質，食用鹼性食物如檸檬、番茄、梅子、蘿蔔、葡萄、茶等，使容易致病的弱酸性身體，改變成優質的弱鹼性。

致於加強肝臟氣血循環的方法稱為聚肝，只要坐好，以身軀做彎腰、拉直的動作即行，主要是藉著肌肉壓縮肝臟的動作，促使肝臟之血動。

虛弱體質的人可撫氣、按摩身柱（位於第三第四脊椎棘突中），讓身體強壯，不覺得疲倦。

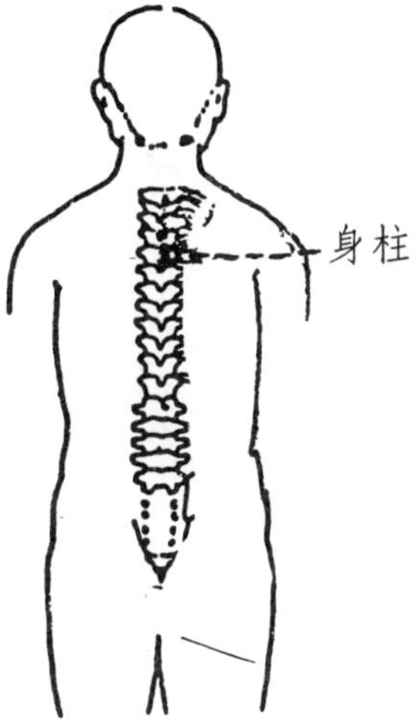

骨頭疾病　簡易自我療法

有關骨骼問題，一般年輕人容易罹患的多屬**脊椎側彎**，沈重的書包背負，左右傾斜不平衡，立姿、坐姿不端正，都會造成側彎的情形，市面上有很多脊椎矯正之民俗療法，若未能找到十分道地的師傅，很可能造成嚴重後果，因為脊髓係人體之中樞神經系統，處理時一不小心很可能傷害到神經，使病痛加劇，更嚴重的甚至癱瘓不能行。

在這兒介紹一種**自我療法**，只要早晚各做六次，假以時日，必然達到矯正的功效。方法很簡單，做**側身彎腰**，**必須一左一右**，**若某側較緊時，則慢慢探身而下，停留六—十秒左右，再回正，往另一側彎，務必使兩邊都能達到同樣的彎度。**

至於頸椎側彎之處理方式亦與脊椎同。

大部分中老年人易患的症狀，有肩頸僵硬、椎間板突出，以及退化性關節炎等。

肩頸僵硬時除了一般拍打肩頸穴外，尚可做盪手運動，雙手由前向後擺盪，同時由心中發出念力——所有的煩惱、壓力都隨手盪開、甩掉，如此可使一切排除，自然輕鬆。

有關椎間板突出的問題，常使患者造成很大的痛楚與困擾，椎間板乃脊椎骨之間墊的海棉狀物，似小氣球般，因腎水不足，消氣而突出，影響神經，造成痠痛，一般的熱敷理療，無異是長期抗戰，其實只要加**強腎功能，使之旺盛，腎臟過濾雜質的功能恢復正常，腎水充沛，即能圓滿。**

很多女性朋友值更年期時，最擔心的是青春不再，不再分泌女性荷爾蒙，因為隨著荷爾蒙分泌減少，會導致很多症狀發生，其中之一是骨骼疏鬆症，原來骨頭有造骨細胞和噬骨細胞，而女性荷爾蒙有抑制噬骨細胞的作用，故對骨骼疏鬆症有利。所以我們宜多食用天然荷爾蒙食品，如蜂王乳、月見草以及山藥、四物湯、甘草及含維他命E之食物，加上海藻類含膠原蛋白成分，保健我們的骨質。

退化性關節炎的自我療法，可分預防以及治療兩種，預防方法，是做白鶴轉膝的動作，先屈膝，用雙手貼住兩個膝蓋，向右扭動六次，再向左扭動六次即可。

已經罹患的，則可用雙手用力搆住膝眼，輕輕轉動膝蓋部分，因膝眼用力會發熱，所以停止轉動時，讓膝眼感受熱力，即能引氣來之，只要氣血通暢，無往不利。

腳 疾

㈠足底痛

在長途遠行中，往往會有人喊著我腳底痛、走不動了，原來是腳底長雞眼，即硬繭。

雞眼產生部位在腳心前，足趾二三趾之下處，我們常誤以為穿硬底鞋，磨擦腳底所長的「老皮」，其實光著腳丫做勞役的人也不致如此；大致而言，比較虛弱體質、或懶得走動的人，因為腳底循環不好，容易使腳心皮膚漸硬。

如果腳底長硬繭，宜用溫熱水泡過腳後，用粗毛巾磨擦，再按壓雞眼周邊使繭突出，修剪之，它會慢慢浮出，否則繼續增厚刺激腳底神經，影響行路更加痛苦。

由於長雞眼乃是腳底血液循環不暢，所以只要使氣上腳，氣血不致於停滯於腳底造成氣血不暢，皮肉組織硬化，方法很簡單，只要站立，輪流以單腳做前後擺盪的動作，約六十下，再坐下來，讓腳跟後端靠地，而腳掌部分垂立，使腳底充氣，即能促進血液循環。

其實腳底血液循環不暢，以經絡學論之，乃因腎氣不足所致，所以根本之道，仍在於腎臟功能的加強。

腎經運行的時間是下午五時～七時，所以在此時按摩腎臟以及腎經具有最大的療效，腎臟的按摩，我們可採用右手摩搓右腎約廿下，再換左手摩搓左腎廿下，如此輪流約百下，這種方式，可以避免手酸。

至於腎經之按摩可循著兩腿內側而下，可多做幾次，足心湧泉穴，則可利用桿麵棍來做腳底按摩即行。這是一種既經濟又實惠的好辦法。

㈡腳跟痛

腳跟痛是影響行路艱難的疾患，腳跟痛不是單純局部的痛點，它牽連整個脊椎周邊神經，尤其是腎、膀胱的病氣會往下移，沈積於腳跟部位。因為我們的膀胱經循著脊椎兩側，延伸至腳後跟，所以此部位的疼痛與膀胱經絡關係甚大，腳後跟痛者往往膀胱功能亦不好。

腎與膀胱互為表裡關係，因而腳跟痛與腳底痛者，最好能做腎臟之按摩運動，詳細說明可參閱腳底痛一文。

膀胱功能不好時，可從尾椎部位按摩治療和保養，因為影響膀胱的樞紐膀胱俞，就在第二　椎棘突下旁開一寸五分處，另外上髎、次髎、中髎、下髎分別位於　椎第一、二、三、四節下之兩孔中，左右兩孔針八個穴位也就是八髎，雖然林林總總，但是總括起來，我們可使用一種簡單易行的辦法，即可用刀背，指大拇指外側至腕關節之間，於尾椎部位上下搓摩，約兩三分鐘，再將身子稍微往前傾，會有熱感出現，可改善泌尿系統之疾病，一天多作幾回，收效更大。

另外亦可**按摩下肢膀胱經之穴道，有崑崙**；於外踝後凹陷中，申脈，於外踝中央下陷凹處，**太溪**；屬腎經，於內踝和跟腱之間；與崑崙穴相對，這三個穴位皆有通絡、利關節的作用，崑崙與太溪兩穴因處於內踝與外踝相對處，故可同時用拇指和食指按壓。

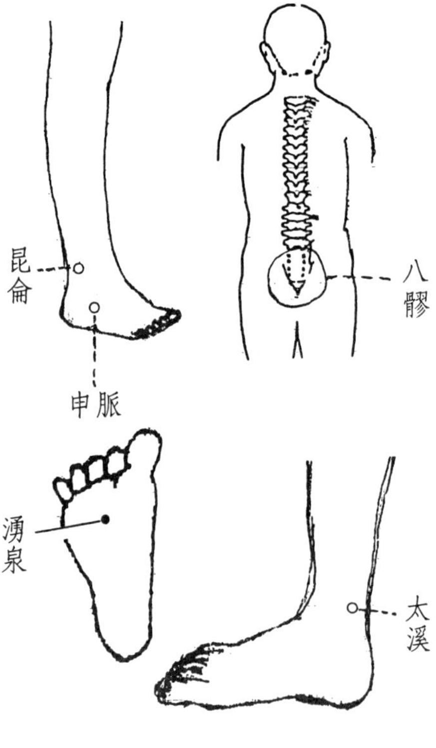

出走SARS

空氣中瀰漫一片詭異的氣息，遠在中東的戰役，未能有預期的進展，傷及百姓無辜甚眾，火藥、血腥、暴戾一直蔓延擴散開來，悲憤的情緒形成一波波頻率，傳遍整個宇宙氣場，即使東邊無戰事，我們同樣感受到怨氣沖天，雙方傷亡的慘重，不在話下，我們只能靜坐祈求和平，希望和平的聲音，若能超越主戰者的氣焰，那麼中東戰事必然會有意想不到的後果。

如此陰霾詭譎多變的天氣，更有潛伏的小妖孽（病毒、細菌），於此紛亂的氛圍，乘虛而入到外流竄，本著破壞搗亂的劣根性猖獗狂飆，真是令人憂心。

SARS非典型性肺炎，即嚴重急性呼吸道症候群，就在此時入侵台灣，各傳播媒體紛紛呼籲大家儘量避免出入公共場所，尤其是醫院，但是今天這趟醫院之行可是免不了的，因為一個常聯絡的朋友患蜂窩性組織炎住院，若是不聞不問可就不近人情，於是與陳姐約了中午一起到榮總去探病。到了醫院發現除了一些訪客，其他醫療人員、服務人員都戴上口罩，我們為了尊重病人沒戴口罩，**但是將呼吸放慢放淺儘量減到最低點，形成丹田呼吸，這種呼吸法可保持身體的能量不太消耗，而且吸進去的病菌，祇有一般呼吸的十分之一。**

朋友吊著點滴，見到我們既高興又感動連說：「打電話聊聊就好，還親自跑來？我想是太忙了，才會得到這怪病！」我們看了院方所給的疾病認知，關於蜂窩性組織炎大致是身體免疫力差，以及糖尿病患者較容易感染，就問：「妳不是才作過全身健康檢查，連震子攝影也照了，難道沒看出端倪嗎？」「怪的是檢查結果一切都正常呀，現在得了這種症狀，妳們幫我想想怎麼醫治比較好。」陳姐忙說：「妳在這兒住院，就應配合醫生指示醫療，等病好了再好好保養吧！」

走出病房後，陳姊忍不住告訴我：「一個月前老太太曾因腹脹不適，到醫院檢查卻沒症狀，我聽說有個氣功師會幫人貫氣治病，就帶她去。」「氣貫了沒？」我問道。「這件事說起來還真讓我難為情，這老太太明擺著要測試人家，也不說那兒不對勁，氣功師只好從她頭上百會開始幫她找病氣，約半個鐘頭，氣功師累得滿頭汗，問她有什麼感覺，她一概說沒什麼感覺，也沒那兒不舒服。」我禁不住說：「那氣功師說了什麼沒？」「他說她的胸口以及胃下胰臟附近全是涼氣，也就是病氣，唉！我是旁觀者，只見她從進門時臉色灰白到最後轉成紅潤，可她偏說沒感覺，直到後來才露了一句，有些溫溫熱熱的，我也不便說話，結果氣功師說既然沒病，等於沒治療，也就不收費用，她呢，還想請人家吃飯，氣功師當然推說沒空，現在症狀出現了，不就正應了氣功師所說病氣的部位。」我說：「可能她太愛面子，不相信自己有什麼病氣，也有另一個可能是氣功師邊找病氣時，邊注氣，由於電位差的緣故，暖流注入她體內，使她覺得全身舒服，所以說沒什麼不適。」「嗯！自己的身體，只有自己知道，反正現在我是絕口不提貫氣的事，除非她先開口。」

陳姊有事先回去，臨走前叮我一句：「妳問問H，關於SARS有沒有防患的竅門，要趕緊告訴我喲！」H是一位修行的朋友，她對中國醫學、氣功造詣頗深，我一有健康方面的疑問，總要跟她請教：今天下午真難得天氣由陰雨轉晴，於是直奔公園，希望能遇到她，果然遠遠看到她坐在黑松旁的大石上，疾疾走過去，忙不迭地請教她：「我剛剛上醫院探病，妳看該如何排除廢氣？雖然在醫院我用最低的頻率呼吸，但是心裡挺不舒敞的。」

「妳也用不著反應過度，草木皆兵的，不過，去一趟醫院，還是作個身體掃除較妥。」

H放開趺坐的雙腿站起來，接著說：「我們的肺經絡是主治肺和氣管等上焦的病症，欲將肺經氣血調理好，可先用雙手分別摩動左右肺部所在，以自己最舒服的力道來使，約三十次左右，再循著肺經走向，由手臂沿著大拇指外側，利用意念甩動雙手將廢氣排出。」H邊講邊示範動作。

「這不就是外丹功的甩手動作嗎？」

「沒錯，只是加上意念，成效就不一樣，這個甩手功無非是利用地心引力的作用，將肺經氣血變得通暢。」

「什麼道理呢？妳能不能說得更清楚些？」

「打個比方吧，我們不是都玩過一種遊戲，用一方大磁鐵置於玻璃墊下，它很快能將玻璃墊上橫七豎八的碎鐵片組合成有條理的模樣，同樣的道理，地心引力可比擬為大磁鐵，地表等於是玻璃墊，而我們錯亂的經絡血氣就等於是那些碎鐵片，利用震動的力量條理我們的經絡。」

H的比方太好了，直教我稱讚不已，她略微一笑，說道：「當妳雙手放鬆上下甩動的五分鐘後，廢氣排得差不多這時可將雙手放下，它會有一種麻麻漲漲的感覺，這就是氣感，再以雙手作抱樹狀，但不接觸樹身，距離樹身約三公分，如此自身與樹的磁場即可接通，樹氣自然會由食指與中指之間的勞宮穴進來。」

「請問需不需要選定那種樹來練呢？」

「人有男女之別，樹亦有陰陽之分，身體虛弱的人最好選陽性的樹，像是松樹、柏樹、楠樹、楓樹以及樟樹等，其他如杉樹、桂樹雖屬中性，但偏陽。」

「樹氣為何對人體有益？」

「健康的樹，吸收日月精華，靈氣十足，人體不過是陰陽氣血之運行，生病的人藉著樹木採收天地化育之氣，自然能治病。」

「可是我有點疑問，我們吸取樹氣後，樹會不會枯槁？」

「這妳儘可放心，樹木很快就能夠將病氣消除，不會有礙其生機；只要有太陽照射的地方就有能量，所以白天有空宜走出室外，對身體會有助益的。」

「我差點忘了，SARS病毒最近蔓延到我們台灣，不知妳有何妙方好教我們防範呢？」

「SARS是嚴重急性呼吸道症候群，我們要好好保養自己，生活作息正常，增強自己的免疫力，多食用黃耆、枸杞、紅棗等合煮的養生湯，和祛寒補身的桂圓紅糖薑母茶等，至於經絡問題的處理，主要是肺經絡，除了上述的按摩、拔樹氣外，還有一個簡單易行的功法，就是摩擦魚際肉。」

「魚際肉在那個部位呢？」

H攤開雙手，手心向上說：「我們大拇指下這塊小雞腿、赤白肉即是，可將雙手拇指相對，互相摩擦魚際肉，它會產生溫熱的感覺。一般小孩感冒時，魚際肉會顯現烏青現象，只要幫他摩擦至紅潤即好，因為它可增強肺功能、免疫力，所以要多摩擦。」

腦子突然閃過陳姊提到貫氣的事，於是我問H貫氣到底有啥作用。

H說：「氣功是屬於預防醫學，譬如容易感冒的人如果好好練氣，假以時日身上自然產生衛氣，也就不會感冒。一般沒練氣的人，體質虛弱，患的病又是現代西醫無法療治的，那就可藉大氣功師貫氣，以他的念力和健康真氣，於患者的穴位作不接觸的貫氣，如此可將患者粘連在穴位附近的陰井中引出病氣，來疏通整個經絡。」

聽H用心的講，可我還是有點不明白，看到我迷惑的神情，H繼續說：「舉個腦中風的例子來說，我們都知道中風起於血管不暢通，而血管不暢起於氣不通，所謂氣到血到，氣不到，則血無法流動，因為血有溫度，所以時間一久自然凝住，造成淤血，體積與時俱增，阻礙血管通暢，以致腦部嚴重缺氧，造成中風現象。」

這回可是聽得明明白白囉，與H的對談使我獲益匪淺，但練功須得行解相應，放著面前的黑松不抱，真是貽誤天機，果然十分鐘過後，頓時覺得胸口清爽，想是體內的廢氣、肝毒皆投給了樹，又想請教H一些問題，只見H雙目閉瞌趺坐於石上，進入她的氣功境中，只好等下回再說吧！

自我催眠助好眠

現代上班族，除了工作壓力外，因為長時間使用電腦，受到電磁波影響，以致破壞人體之中樞神經，即自律神經系統之功能，使交感神經過度興奮，而副交感神經無法發揮抑制的功能，如此自律神經失調，會造成神經衰弱。

明明疲憊不堪，哈欠連連，躺在床上，卻又頭腦清醒，輾轉反側，甚至徹夜難眠，這是明顯的神經衰弱症。

為了排除精神的壓力、困擾所形成失序的夢魔，就要做到放鬆自己，包括肌肉、神經與精神，並且轉移心中注意的焦點，集中精神於某一點，俾有助於安眠的效果，現在列舉四種簡單易行，又有奇效的自我催眠法，供大家參考選用。

1.**放鬆法**——我們知道「熱」有放鬆身心的效果，讓身子平躺床上，閉上雙眼，揣想溫泉淋身，循著頭部、臉部、頸部、肩膀、再移往右手、左手、身軀，下移至右大腿、小腿、足部、左大腿、小腿、足部，冥想自己處在一個很舒適、柔軟且溫馨的環境，讓身心完全放鬆，如此就容易進入睡眠狀態。

2.**調息法**——作腹部呼吸，吐納一升一降之際，將注意力集中於臍下（丹田）部位，不在意氣息以鼻孔出入。因為**呼吸是「節奏性」的活動，會使大腦皮層，亦即中樞神經系統，在極度興奮過程下得到抑制過程的協調，使心意守注於重心之一點，安定我們的神經，自然容易入睡**。

3.**穴道按摩**——1.**大陵**（仰掌，於腕關節橫紋正中取之）有寧神、定志、清熱的作用，2.**三陰交**（在內踝尖上三寸取穴），是脾、肺、腎三枝脈交會的會穴，兩穴配合按壓約廿來下，能治失眠。

4.**步行**，最好找一處林木扶疏的公園或郊區，每次步行兩個鐘頭，一方面可呼吸新鮮空氣，活動筋骨，並且**藉著步行**，讓地心引力的作用，來調**理自身混亂的經絡氣血**，因為足部踏地的緣故，**足跟的失眠穴，足心的湧泉穴都碰觸到**，它們具有鎮靜的作用，能鎮靜神經系統失調引起的不安，而得到凝靜的效果。

對於**血壓高的患者**，因氣血充於頭部，頭重腳輕，則必須引氣下降，於第一項放鬆法中的冥想溫泉淋身，**宜冥想為清泉淋身，將身上之熱氣移到足部即可**。

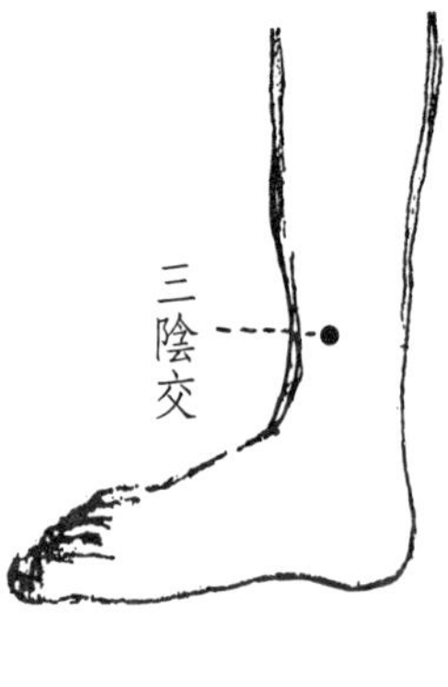

斷食讓我健康美麗

養生經驗

前陣子SARS疫情延燒之際，我與大部分的人一樣，不參加一切應酬、活動，本想在家閉關自我修行。隨而一想，當年弘一法師曾用斷食來袪病，自己倒不如利用這段時間斷食，看看是否能幫助頭部氣血循環不良的問題，因為我老覺得最近看書時，頭部會有發脹發暈的感覺，主意打定後，打電話請教對斷食有經驗的朋友，知道斷食期間僅能飲用新鮮果汁（去渣）、瓊漿、黑糖水、檸檬水（或加辣椒粉）等，**就是不能進食，否則宿便無法排出，還會瀉肚子。**

因為是頭一次斷食，心中充滿困惑，猶如走進枝葉蔽天的樹林。將會發生什麼奇遇，真是既期待又怕受傷害。我像平日一樣，每天清晨起來，先喝一杯檸檬水，加一匙蜂王乳，做做晨操、打打拳，個把鐘頭後，以瓊漿或黑糖水當早餐，再看看電視新聞、聽聽廣播，然後到市場購物，自己斷食，但料理家人的餐食還得照常，如此更可考驗自己的意志堅強與否，午餐與早餐同，傍晚則可熬些養生湯如當歸、黃耆、紅棗、枸杞等，或以薑、蔥、蒜煮湯，來補充元氣之不足，下午與夜晚大部分靜坐放鬆。

約第三天即開始排宿便，有如瀝青之黏膩，亦有硬塊之狀，宿便是我們攝取食物、藥物中殘留之農藥、化學物品，以及體內壞死的細胞及身體產生的毒素，經年累月積聚在腸子皺摺、絨毛中，平時無法排出，**惟有在斷食當中因不進食，減少吸收作用，剩下排泄功能，此時五臟六腑的症狀，皆可因此得到休養恢復機能的功效。**

我頭痛的症狀於前幾天較以往更嚴重，以學理言之，斷食期間毛病益形明顯，稱之為「暈眩反應」，慢慢的，經過代謝作用增強，血液經由腎臟透析作用，排解不乾淨的雜質和毒素，頭部也豁然開朗了。

斷食期間，由於排解宿便，我瘦了五公斤，更由於努力做伸展肢體的動作，以前做不到的頭碰小腿的彎度，居然都做到。更令人訝異的是，我將那些十多年前捨不得丟的漂亮洋裝往身上一套，竟然合身，而且顯得更玲瓏有致，真教人喜出望外。

一星期的斷食，我治好了頭部氣血循環不好的問題，同時體態變得輕盈，這真是一次難得的養生經驗。只是**斷食後的復食，極其重要**。一**星期的斷食，須配合四日的復食期**，因為斷食後，腸胃幾乎是休息狀態，失去原本的功能，彷彿嬰兒般弱小，故頭天只能喝米湯，忌食蛋白質、油類，二、三、四日可吃蔬菜粥，但宜慢嚼細嚥，禁忌與首日同，如此斷食才算圓滿功成。

瘦身

肥胖與飲食習慣關係密切，歐美各國的中老年人胖者居多，以德國為例，他們的主食是豬腳、香腸、起士、炸薯條，再喝兩罐啤酒，這些多脂肪高熱量的食物，加上飯後蛋糕、巧克力甜點，（德國的甜點世界聞名），怎能不讓他們的體重節節上升？站在他們旁邊，忽然覺得自己多麼嬌小可愛喲。同樣的美國速食如起士堡、炸雞、可樂等食物，使他們身陷肥胖不復之境，根據統計美國去年約有三十萬人因肥胖症死亡，故政府當局成立了一個減肥計畫中心，希望幫助胖者瘦身，以恢復健康。

如何幫助胖者瘦身，只要把握下列幾個原則定可以收到功效。

㈠加強瘦身動機——

肥胖影響心肺功能的運作，走起路來喘吁吁，更甭說上樓梯，大腿部分相互摩擦，衣服必須穿得寬鬆，大尺碼難買又不便宜，穿起來也不美觀，外表讓人信心全失。為了變美，為了健康起見，勢必要減肥，並且貼兩張照片美女與胖子，以便隨時警惕自己，不要自欺欺人。

㈡改變飲食習慣——

(1)計算食物熱量，手邊持有一張食物熱量表，及磅秤一個，以便計算每餐熱量，通常一般上班族一天所耗熱量為體重乘以二十五，跑外務者乘以三十，男性又比女性略高，即六十公斤的女性約需一千五百卡路里，男性則高出一些。舉個例子來計算，飯一碗（一百五十克）即五湯匙滿是二二〇卡、雞下腿一支一七九卡，煎蛋一隻一三六卡，白灼蝦十隻二〇〇卡，花椰菜及蕃茄汁五兩有八十卡，則這一餐合計五一五卡。

(2)注意烹調方式——忌食油炸食物，其油脂高，減肥主要降低脂肪比例，故烹調宜以烤、蒸、煮為主，就馬鈴薯而言，薯泥只六十卡，炸薯條則有二六八卡，怎能掉以輕心。

(3)注意搭配比例，以三份蛋白質，二份澱粉，一份蔬果的搭配方式最易減肥，蛋白質可多採取植物性豆類，或牛奶、魚類，如果一餐攝取六百卡的話，澱粉質佔兩百卡，蛋白質佔三百卡，蔬果佔一百卡。

(4)注意飲食速度及時間——吃快容易胖，最好能細嚼慢嚥，一方面可品嘗食物的美味，一方面較容易產生飽足感。吃飽就睡，也是致胖的主要原因，宵夜實在吃不得也，美食當前，不動如山，可先喝杯水充數，用心理去克服生理的需要，一段時間過後，反而覺得吃宵夜難過哩！

(三)少吃多運動——十個胖子九個貪吃，以前看到一位胖同事，早餐

吃了兩個大型肉粽，真令人瞠目，每餐吃得七分飽，快樂似神仙，少光顧自助餐廳，一餐吃下來抵得上一個禮拜的卡路里，何必自討苦吃？運動方面，只要勤動我們的四肢，做到能跑就不要走，能走就不要站，能站就不要坐，能坐就不要臥，常常以步代車，多爬樓梯、定時慢跑，作體操，都是簡單易行的健康瘦身法門，曾經看過一個女人每天清晨搖呼拉圈，不到一個月，看她瘦了一圈，所以只要持之以恆，就能心想事成。

二紅二黑一紫一白

「管管七十歲，新娘三十四」，這是演員作家管管結婚時傳播媒體刊登的標題，他是健康食品——二紅（枸杞、紅棗）、二黑（黑豆、黑芝蔴）、一紫（茄子）、一白（白果）以及大蒜的奉行者，這些食物到底管不管用，且看他結婚週年後即一舉得男，現在小孩四歲，前陣子遇到，那稚兒活潑可愛，旁邊的「老父」可比先前益形年輕、活力呢！

紅棗可分三種，有新鮮的、乾品、以及黑棗（用棉子油、松煙水煮熟，再用煙火燻烤而成），前年與詩界友人同訪長安，我們幾位女生前往市集買了許多物美價廉的陝北淮棗，號稱「一日食三棗，百歲不顯老。」回程的車上，向明、白靈一吃再吃，讚不絕口，忍不住在機場販賣部以三倍的價錢買了幾包。紅棗含有豐富的鈣、磷、鐵、鉀多種元素和礦物質，尤其維他命C居水果之冠，堪稱「天然維他命，其性味甘平，清代醫家陳修園神農本草經讀謂，「大棗氣平入肺，味甘入脾，肺主一身之氣，脾主一身之血，氣血調和。」故可和脾胃、滋肝潤肺，補五臟，治虛損，增強體能，有鎮撫緊張之作用，因含磷酸腺甘及山楂酸等成分，有預防癌症的功效。

枸杞，鮮果玲瓏剔透，紅艷欲滴，狀似紅寶石，干果紅潤，皮薄肉厚，子少味美，有豐富的類胡蘿蔔素、維生素A是保眼聖品，寧夏的苟杞馳名中外，譽稱「紅寶」，本草綱目記載：「枸杞，補腎生精，養肝明目，堅筋骨、去疲勞，顏色變白，明目安神，令人長壽。」，又神農本草經讀曰：枸杞氣寒，稟水氣而入腎，味苦無毒性，得火味而入心，有心腎交補之功。

黑豆，唐代陳藏器的本草拾遺記載，黑豆能「明目鎮心，溫補。久服，好顏色，變白不老。」最新的醫學研究也證實，黑豆的確具有降血脂、抗氧化、養顏美容的效果。黑豆含有百分之十五油脂中，以不飽和脂肪酸為主，可促進膽固醇的代謝、降低血脂。黑豆含有許多的抗氧化成分，最特別的是黃酮素、花青素，能延緩人體老化。一般來說種皮只要是深紫紅色或黑色，就含有花青素，例如葡萄皮、櫻桃、桑椹皆屬之。

黑豆還含有豐富的維生素E，能清除體內的自由基，減少皮膚皺紋，達到養顏美容，保持青春的目的。

有一陣子，吞生黑豆，造成一股流行風潮，事實證明，不甚理想，因生吞黑豆很難被消化、吸收，腸胃不好的人，更易造成胃部漲氣，腸阻塞之症狀。

芝麻又名胡麻，有一種特別的香氣，芝麻糖、芝麻糊都是令人垂涎的食品，其提煉出的胡麻油，更是產婦煮麻油雞的聖品，本草備要記載：芝麻補肺氣、益肝腎、潤五臟、堅筋骨、明耳目，烏髭髮，利大小腸、逐風濕氣。其特有的成分芝麻酚，是一種天然之抗氧化劑。豐富的維生素E更有防止老化的作用。

根據分析，每一百克芝麻中，含有六百二十毫克的鈣，故患骨骼疏鬆症的朋友，可多食用芝麻製品，此外，芝麻中所含豐富的卵磷脂，可以防止頭髮過早變白和脫落。

茄子可防衰老，老年人因血管逐漸老化與硬化，皮膚上會出現老人斑，多吃些茄子，老年斑會明顯減少。

茄子味甘，性涼，含有豐富的維生素A、B、C、D，蛋白質和鈣，能使人體血管變得柔軟，還能舒散菸血，故可降低血管栓塞的機率。

白果，又名銀杏，是白果樹的種仁，白果核仁營養豐富，含有蛋白質、脂肪、糖，還有少量的鈣磷鐵等成分。且含有銀杏醇、銀杏酸、有化痰、止咳、補肺、利尿等功效，近年經藥物研究發現、白果還有抗菌作用，可以抑制結核桿菌、副傷寒桿菌、和白喉桿菌的生長，因而白果成為治療肺病的特效藥。

中國是具有飲食文化的民族，我們吃烏魚仔、香腸時，旁邊一定有大蒜搭配，如此一來它所含的大蒜素，具有殺菌，增強免疫力，有益心血管健康，並能降低壞的膽固醇，降血脂，甚至抗癌防老，根據醫學報告，多食大蒜者血管內壁的沈積，比起不吃者減輕很多，而血管壁沈積是心血管健康的一大危機，久而久之，會讓動脈阻塞，彈性變差，易引發中風，或心肌梗塞。

喜歡辣味的人，往往因大蒜的氣味重，而偏愛辣椒，辣椒對人體的好處恰巧與大蒜成對比，它除了對眼睛有益，其他都不利，而大蒜除了影響視力外，其他都好。去年的山西之旅，因管管的示範，大夥兒紛紛跟進，連平日不愛大蒜的商禽、張默也都成了「食蒜一族」。

回到未來

她從夢中醒來，不由得攬鏡自照，究竟歲月不饒人，即使在靜態中，眉間兩線紋路還是不解人意的立在那兒，下巴、脖子的皮膚也失去原有的彈性……。看坊間一些美容處方，不外乎注射賀爾蒙、胎盤素、肉毒桿菌等，據說可以除皺，使生理現象年輕化，但是這些藉著外在物質來改變人體的美容術，她不敢苟同，深怕對健康造成後遺症，只期待有一天能由自己體內找到一種恢復青春的途徑。

〈回到未來〉是她最喜愛的電影，不知看了多少回，每當影片中主角乘坐時光機經過時空隧道，回到從前……，她彷佛看見自己也跟著時光機回到青春年少，如此每看一次，她的夢想也實現一次。

一個機緣她遇到某位道行高深的法師，於是適時地請教法師如何回到從前的身心情境，法師說：「這也未嘗不可，我且教妳一個心法……，幾個月後就有效果。」

她聽了非常高興，每天就照著法師所說的心法去做，只要有空，就靜坐觀想快樂的自己，從平生記憶體中努力搜尋快樂的影子，但覺得過往幾十年的生活，竟然苦多於樂，而且真正讓自己感到榮耀、發自內心的微笑實在寥寥無幾。過了幾天，她私下忖度著，與其費心找尋快樂的往事，不如當下創造令自己真正快樂的事，也因為做了這樣的回顧，她體會出快樂的本質，在於凡事盡心盡力以外得再加上一點愛心。

她重新把家裡環境佈置一遍，無論是養盆栽、做飯、泡茶，都帶著發自內心的微笑去做，不久，那些盆景開放出比以前更燦爛的花朵，家人開心的吃著香噴噴的飯菜，友人們稱讚她泡的茶有特別的滋味，她心中快樂的指數愈來愈高，正符合了「已愈予人已愈多」的老子名言，她行有餘力，更加入社會義工的行列，讓更多的人得到她的關懷而備覺溫馨。就這樣她成為快樂天使，使人快樂，自己也快樂。

漸漸地，她竟忘記法師交代的功課，直到有一天，一位久未見面的朋友，碰到就衝口一句：「妳怎麼愈活愈年輕呢？」這話如甘霖淋身，全身舒暢，回想幾個月來，忙著輸送愛心、營造快樂，每晚倒頭就睡，身上原本有的頭昏，倦怠、心緒不寧等毛病都一掃而空，也因為快樂的因子佈滿全身，那些憂鬱、怨恨、憤怒的毒素都漸漸隱退、消失，所謂相由心生，她身心健康，回到未來不是夢。

女性荷爾蒙再造

張開臟腑的眼睛

荷爾蒙是人體內最新奇的東西，每個人一生幾乎都為荷爾蒙的分泌所支配，包括青春期的發育、性特徵的長成，以及生兒育女的作用。從朝氣蓬勃如旭日東昇的青少年至壯年的成熟沈穩，魅力十足至中老年的衰退現象，記憶力減退、失眠、虛冷、焦慮、男性不勃、女性陰道萎縮乾燥、沒有冒險勇氣、活動性降低等，幾乎隨著荷爾蒙的分泌程度而呈現差異。

很多人在步入更年期時，因隨時荷爾蒙的短缺，引起身體、心理的老化，常會感到淡淡然，不知所措，以往尚可藉助荷爾蒙藥劑加以補充，直到世界醫學組織報告指出服用雌激素與卵黃素容易致癌，於是大家紛紛改弦易轍，尋求天然的荷爾蒙，如蜂王乳、山藥、甘草含維生素E的食物以抗衰老，其他月見草、四物湯也都是補養聖品。

其實內分泌腺，除了卵巢、睪丸外，尚且包括松果體、腦下垂體、甲狀腺、胸腺、腎上腺等。腦下垂體總攬調整身體內分泌器官活動的任務，甲狀腺中有促進新陳代謝的物質，副腎皮質會分泌出對抗身心壓力的荷爾蒙。

胸腺位於喉頭至胸口間，屬於任脈即妊脈之所在，多加按摩，或練氣於此，可治不孕症。

甲狀腺有異狀、腫大時，可用雙手緊貼頸後部，再往前摩挲即可。

另一個動作是拔五筋，作驚叫（張大口喊啊）的動作，喉嚨會顯現出展筋模樣，如此將筋撐開，經絡暢通，甲狀腺腫自會消掉。

腎上腺方面，可將雙手搓熱後來按摩腎臟，也可作氣貫命門的呼吸法。

一般卵巢分泌動情激素與卵黃素，並非因更年期馬上停止，它是漸漸減少，只是當你吃荷爾蒙藥劑時，基於供需原理，它就停止生產，我們除了攝取上述之天然荷爾蒙以外，還可**針對陰道老化狀況，作骨盆底肌肉鍛鍊**，似西方性凱格爾運動，**縮緊陰道四周，將肛門和陰道爲中心的肌肉向上向內拉提，強力收縮時，便能有效地封閉肛門與尿道路口，每一次向上提拉約二至十秒，然後再慢慢放鬆，休息一分鐘後重複再做。如此鍛鍊能使肌肉變得緊縮有力，不僅可以強化陰道功能，不致萎縮、乾燥，並且能防止尿失禁的症狀。**

因為由於動情激素減少分泌，會使膀胱壁或周圍肌肉縮小，膀胱容量變小，尿道的括約肌變得鬆弛，出口的緊縮度變差，如此容易造成尿失禁的症狀，只要讓骨盆底肌肉緊縮有力，自然能有效防止尿失禁的問題。

練氣美容顏

我們看一個人美不美，不在於他的打扮裝飾，端看他的氣色如何？臉頰紅潤有光澤，唇不施朱而自紅，眼睛黑白分明而神亮。至於一個人健康與否，可要看他的舉止行腳是否輕快俐落，因為有病的人難免沈重酸痛，而且最容易顯現於下肢部分，故可由此看出端倪。

所謂「自然就是美」，自然界的天、地、山、樹、泉、石等，都充盈著日月精華與靈氣，我們**可藉由吐納的作用，來吸收自然界的能量，讓氧氣充滿全身**。

一定有人會疑問，難道其他的運動無法得到能量嗎？答案是肯定的，因為一般的運動、打拳、口鼻的呼吸攝取的能量有限，而且他們雖然有姿勢、動作，但是那些無法形成一個磁場，也就無法與大自然的磁場相對應、交流、不能吸收大的能量。

練氣能夠開發我們內在的潛能，人體本身就是一個小宇宙，大自然的地水火風，在人體內可見一般，我們的肉身可謂由地、水、火、風構成，地指的是骨、肉、皮、毛等有實體硬質的東西，水指的是血液、內分泌等液體，火是指臟腑的熱度、或人體的溫度而言，風即是指氣息、呼吸而言。人體有病，一言以蔽之，就是氣不通，故只要練氣，使氣血通暢，肉身自然無恙，也唯有肉身無恙，才好修鍊自己的心靈。

我們**人體是一個小宇宙，藉由練氣可形成人體氣場，與外界的大宇宙相接應，**互通能量，尤其在靜坐時，先將全身充氣，使氣血暢通至手足，也就無礙盤腿打坐。**靜坐時，先統攝思維，專一心念，使萬念歸一念，接著在呼吸之際慢慢放下心念，讓心靈進入無爲而爲，若即若離的太虛之境，返回太初之時，身心都無掛礙，無負荷，只有光明繼續臨**

照。

我們一直強調氣血通暢，氧氣充足，因為如此就能維持我們所有細胞或結締組織的活性減緩老化。氣充皮表時，皮膚自然有活力、彈性，不致於鬆弛，而且氣色紅潤。一般而言皮膚保健三要素——保暖、保溼、防曬，練習者只要具備簡單的防護保養品，必能防止皮膚老化，同時在氣功鍛鍊時，也做冥想的功夫，想像青春有活力的自己，相信會朝著理想的目標前進，使自己充滿自信，終究能心想事成。

大自然——心靈的故鄉

我們常會利用假日、空閒時遊山玩水，走訪大自然，回到大自然；讓我們心神怡悅，彷佛回到心靈的故鄉，得到性靈的滋養，大自然的景物充滿能量，所有上班的工作負荷，上學的課業壓力，以及持家的辛勞，全盤都可投擲出去，釋放下來。見那花木清新、流瀑瑩亮、厚重的大石或坐或臥，更有鳥鳴蝶舞，增添野趣無窮。

人類生活之要素、空氣、陽光和水，陽光則涵蓋磁場和光線，大自然的景物、花木、流瀑、石頭、大地經過陽光長期照射，整個物面都磁化。

石頭定定靜止，它的氣是內斂的，我們坐在石上，與之承接，受到石頭溫度、能量的溫養，其實就是與大自然的氣息相通相接，不過當然得找一個充滿陽光照射的石頭才好。

水經過岩層流下，由於落差的關係，造成位差，產生動能，而地氣受到水流的影響，亦造成磁場的變動。此亦即瀑布能量甚大的原因。

至於樹木，我們瞇眼視之，會發現樹身有一層護光，那就是樹氣，樹一面受陽光照射，一面吸收地氣，負陰而抱陽，自我形成生命的和諧，其本身又能行光合作用，釋放氧氣，有益我們人類的身體健康，樹是我們珍貴的滋養來源。

空氣流通的地方，陰離子就多。一般而言，一立方公分有二至三萬單位的陰離子，**空氣愈清新，氧氣愈多的地方如森林、林中飛瀑、大海、花園等地方，陰離子愈多。**它能清醒我們的頭腦、促進新陳代謝，加上行路運動，增進體內血液循環，做做揮動四肢、頸項的動作，更能提高身體的免疫力。

我們人類十大死亡原因，除了自殺與意外，其他均屬於循環病，故走進大自然，如入寶山，你捨得空手而回嗎？即使冥頑如石，亦能喚醒它，與之接線。

桂花林

週日午後與先生驅車前往南港舊庄山區，參觀了茶葉展示中心，看見對面一片花木，於是信步走去，到了盡頭，更有一條蜿蜒山徑往下延伸，兩邊草木蒼翠潔淨，空氣中蕩漾一絲絲柔軟、甜美的香氣，似乎由谷底往上飄升，吸引著我們一階一階向下探尋，直到迴轉處，赫然發現布滿山坡的桂花林，一棵雜樹也沒有，此情此景，頗有桃花源記中所載武陵人忽逢桃花林，又驚又喜的感覺。

那是濛濛細雨初冬的天氣，眼前的桂花林卻顯得無比清新、耀眼，油綠綠的葉片，加上金黃柔亮的桂花，有如一盞盞袖珍花燈，點亮整個山林。

正沉醉如此情境，未想桂花林主人偕同女兒、兒媳來採摘桂花，看到我們就親切招呼著，於是我隨興跟他聊了起來。「老伯，您這樹種多久呢？」「打從廿五歲開始，直到現在我七十八歲，有五十多年了。」老伯的眼神似乎回到從前，「您當初為何選種桂花樹？」「為了烘焙茶葉，最初我也試種了茉莉，覺得味道不對，因此決定種植清雅的桂花樹。」說完，老伯順手擷取一小枝帶葉的桂花，送到我跟前說：「這個很香，妳聞聞看。」望著他誠摯的眼神，以及那隻黝黑、粗糙的手，我趕緊用雙手接過來，深深嗅了一下，好香喲，還有蜜的餘韻。「您的花為什麼特別香呢？」「不錯」，他信心十足的說：「我給它們最自然營養的豆餅當養料，這片林子與我相處了五十餘年，我用心照顧它們，修剪蔓生的枝枒，保持約兩米的高度，最適合觀賞，採摘……。」老伯邊說、邊揮動他的手工作著，這是多美的一雙手啊！它創造了滿山坡的芬芳，美了花木，美了整座山林，都虧老人粗硬的雙手帶動的成果。

「你知道嗎？有人出高價要買我的樹移植，我終究沒答應，人生還有另一個五十年嗎？讓樹長大成林，談何容易，我年紀大了，烘焙桂花茶的願望，已經達成，孩子們各有各的志業，不想承續下去，這片桂花林能夠成為地方觀光景點，讓大家都能聞香，不是很有意義嗎？」老人一生鍾情桂花，愛自己烘焙的茶，藉此讓自己和家人生活得更好，原來謀生與愛心是並存的，現在繼而擴大愛別人，老人將所有的愛心和不捨都付諸行動。老人的話，在林中迴響，他的愛心隨著風吹流動，香氣四溢。

老人愈談興趣愈濃，又力邀我們上他家作客，原來桂花林底就是他四合院老家，看到好熱鬧的一家人，為了體恤老人辛苦，放假日孩子們都回來幫他陪他，老人殷勤的帶我們參觀他的工作間，介紹他製桂花茶的過程，然後請我們品嚐他親自釀造的桂花露，以及桂花茶，嚐來香醇而有餘味，令人久久不能忘懷……。

人生幾度有情人，這片桂花林，使我重返淳樸的農村，無污染的清淨地，濃厚的人情味，再再令人感到無限溫馨，同時它也將成為我記憶中永遠的溫馨。

走進杉樹林

常聽人提起磁場兩個字，它就是一種能量，樹木叢生的樹林，具有強大的磁場，若能置身其間，自然妙用無窮，一般人進入樹林裡，可以呼吸新鮮空氣，活動筋骨，並且藉著健行、運動讓地心引力的作用，來條理自身混亂的經絡氣血，認識一位朋友，她說：「好一陣子我無法睡覺，身體病懨懨的，苦不堪言，幸好發現這片杉樹林，於是我在這兒來回的走上三個小時，日復一日的，終於治好了失眠症，連帶的其他症狀也不藥而癒。」

這片杉樹林，中午時分，吸引了許多附近的上班族，進來散步，吸收氧氣，吹了半天的冷氣，身體幾乎失溫，生理機能的運作也受影響，來到林子裡，與陽光接線，重新開啓體內能源的開關，讓生命有光有熱情；與樹木毗鄰，將涼氣丟給樹木，嗜氧的細胞流動起來。不久，散步聊天的人潮終於走出樹林，恢復原來的清靜。

這片公園裡的杉樹林，該有幾十年之久吧！濃蔭蔽天，幽遠深長，盡是可以雙手合抱的樹幹，初次看到它只覺滿心歡喜，十年過去了，大自然沒變，但是隨著自己經歷的增加，一踏進林子，就彷彿進入了時光隧道一般。

我鬆身緩步，徐徐前進，學仙人以踵呼吸，放慢呼吸所吸收的磁場愈多，任清風吹拂，聽鳥雀和鳴，陽光透過樹縫披灑林中，地面迴繞著大地的靈氣，游走在無住無不住的大氣之中，打開心靈的窗，讓陽光、空氣進入最幽黯深沉的角落，醒覺夢幻的天鵝，伸經展翅，躍身起舞。

萬物相通，我的磁場與樹的磁場相融合，我走入樹中走入氣中，覺得自己宛如一座山，伸手便是一棵樹，雲和霧在指掌間穿梭，深林透進光影，召喚記憶中永恆的陽光，我彷佛走在雲端，身軀不見了，心也不見了，只有眼睛繼續出走。

深林中的宴饗，回到我心靈的故鄉，猶如失散多年的親人重聚，悲欣交集。

親子之間

「我要給孩子最好的」這是天下父母的心情，給孩子吃穿用教育最好的，這樣他們就會比別人行嗎？其實一枝草一點露，一個孩子一個命，為人父母的不要太干預、太勉強，我們只要從旁予以協助，贊天地之化育即可。試看那些創業的出人頭地的行家，盡是些沒受過栽培的人，他們卻能吃苦耐勞，汲汲營營開創出自己的一片天。

我們愛孩子，就要給他們適時的幫助、開導，但不是去擁有他，當作自己的私有品，愛是慈悲的，如此才不會生出區別心。有的人愛得太專注，孩子唸書，如同自己唸書一般，恨不得幫他讀，幫他複習，每天伴讀，遇考試時，則漏夜不睡，可謂「三更燈火五更雞」。其實考試成績好，不見得程度就好，我們讀書最重要在於得到一把開啓智慧的鑰匙，考試成績只要達到一個水準即可，我們希望孩子的心思能夠靈活，不要罐頭式的思維，否則遇到困難、瓶頸時，如何去應付呢。

有些父母將孩子照顧得無微不至，許多接孩子放學的家長，顧不得自己滿身疲累，看到孩子就噓寒問暖，擦汗送點心的，將孩子身上的包袱一股腦兒接過來自己扛著，這樣孩子只知道把重擔往父母身上一丟就輕鬆，孩子沒吃過苦頭，也不知道感恩，不知有幾人能體會父母苦心。到頭來還認為你保護過度，使他不成長，以致於當有那麼一天，在你需要他時，他卻淡然漠視事不關己的樣子，你也就不用太悲憤，罵他不懂事，不孝順。

愛是須要學習的，有時父母可在小病痛；或疲累時，讓他們有表現愛你的機會，同時知道對家庭有一份責任感。

我們教育孩子須要恩威並施，仁智合一，運用得宜，愛孩子就要給他們得到正面的教育，所以從小開始做適度的制約，要求孩子遵照規律行事是必然的，譬如孩子哭鬧想得到喜愛的東西時，父母須意志堅決開導孩子可用好的表現來掙取，而不是一味溺愛放縱讓他予取予求，小時候如果讓孩子隨心所欲，長大後，必定會踰越規矩，不知好好行事做人。

我們最好從小就教導孩子有禮貌，晨昏定省，比較能開發他們的心性，慢慢的家中父慈子孝一團和樂，所謂富潤屋，德潤身，他們也能享受到德行本身的益處。

如何不生氣

對面一家商店老闆娘，平日作息都有規律，有天竟然鐵門深鎖，未做生意，隔日見到，不免問訊一番，她說：「生老公的氣……」原來年輕時，受婆婆虐待，儘罵些不倫不類不堪入耳的髒話，讓她心靈受到極大的創傷和痛苦，於今想來，不禁一把鼻涕一把眼淚，意想得到先生的同情與安慰，未想先生不動聲色……。這些婆媳之間的恩恩怨怨、愛恨情結，若未能及時了斷，付諸流水，勢必陰魂不散糾纏一輩子無法超脫，所以我勸她，慶幸她有一位木納而有孝心的先生，不會因前塵往事而去與老母傷和氣，而且將痛苦的回憶倒帶重映，無疑對身心一大戕害，記得曾聽說：「當別人對你無理取鬧時，你可能要反過來想，上輩子是否也如此待人？這樣你要修行忍辱時，方不致於才下眉頭，卻上心頭……。」其實修行須要智慧來轉變自己的心念、想法，使自己釋懷通達。

最後我跟她說：「妳願意放心胸不再理較過往，還是繼續與之纏繞不解直到未來？」她終於釋然一笑。

如何不生氣需要一點幽默，遇到利己思維的人，當他摔破器皿時，不會怪自己不小心闖禍，反過來會遷怒別人，是別人將東西隨便放置，使他如此下場，逢此，你是否罵他不知悔過推卸責任，打一場舌戰，使得明明理虧的人似乎又可直言抗辯，抑或幽他一默：「是誰千不該萬不該的粗心大意，不將東西收拾好，駭得人家受了一場驚！」那人肯定化戾氣為祥和，以後也不致於太苛求於人。

雙方爭執時，各執己見，公說公有理，婆說婆有理，實在無法評斷是非對錯，而且當事者被忿怒的情緒燒昏頭，難免惡言相向，干戈對立、不爭個頭破血流也難，所以擁有清醒的頭腦、理智的思考，將自己超越於對立之上，不落入混亂的漩渦中，絕對是明智的選擇，因為一切事物超越其上而視之，就其同者而言皆對邪，只是東西方不同而已，所**以向左看向右看，不如向前看**。

當我們聽到或見到不遂心意的言語事情時，不妨想到一句俗語：「話到嘴邊留三分」，且停它三分鐘，暫時忍了下來，有了一個迴轉時空，就容易獲得轉寰的餘地。

話到嘴邊「停」三分，不僅可以免去你爭我鬥兩敗俱傷，也為自己掙得雙贏，贏得健康與和氣，脾氣大的人通常自我意識太強，一切以自我為中心，未能站在對方的立場設想，換言之，是任自己感官之所欲，心性不知收斂，當一個人在盛怒、火爆時，勢必無法接納別人的説辭，所以當狂風驟雨時，我們又何必捲入旋風，涉及兩陣？**一些不中聽、不順耳的惡言惡語，如同一堆垃圾，你要丟掉？還是將它點燃，燒傷自己呢？**

石頭物語

1

自然界萬物，如其形象，各有造化，三峽滿月園森林瀑布區有一巨石，由上層岩壁沖下的水流，貫穿整個石頭，除了石面周遭，更經其內部多處孔竅汩汩流出，裡裡外外無礙無窒暢通無阻。

反觀自己身心五官毛孔阻塞多少煙霧塵蟎，眼睛看不清黑與白，耳朵分不清是與非，鼻子嗅不出清濁，口舌也吐不出蕙質蘭心的氣息，生而為人，倒不若此石之暢快。

看者垂掛的瀑布，水氣氤氳，兩旁植物青翠油亮，聽瀑布由上傾洩而下的聲音，最先只覺得轟轟大聲，漸漸地感覺出一種自然的律動，成為穩定我心神的力量，頓時將紛雜思緒完全拉到眼前景象，我靜靜坐著，定定看著，且讓眼睛出走，追著水花翻滾跳躍，滑過石面，鑽越孔穴，更乘鳳蝶翅翼載飛載舞，嗅足一身王蘭清香……。

與石相對，水的流動使石頭充滿活力，而久經塵俗污染的我，正如冥頑不化之石，於此時此刻思維的飛翔，活化我的心靈，只覺得身心如同巨石之孔竅，受水流沖洗一般通徹明亮。

2

靈鷲山午後的觀音道場，是一片清涼勝境，我們大夥八人行經建築風貌多樣化的「小塔林」，再循一條蜿蜒山徑走去，小路盡頭有蒼松、有藥草，更有一座巨大的岩石，我們大步跨了過去，就像上渡船一般。

由於歷經幾個鐘頭日照，石頭的體溫正適合我們熱身的溫度，它似乎呼喚著：「快來靠靠我呀！」於是我們隨意平躺在石上，伸展疲累的筋骨，將所有負荷全數丟給巨石去承載，身心無比放鬆與舒適，如乘一葉扁舟任意東西之自在。

巨石不啻是我們作日光浴最好的媒介，因為日光直曬，容易曬傷，藉著它吸收太陽能量，就好比樹木行光合作用產生芬多精、氧氣一樣滋養我們。躺在石上看雲朵飄動，我內心情愫亦隨之流動，多少個日子，我變得痲木，沒有感覺，回到自然，覺得那麼親切、自在，一切柔軟的、感性的、喜悅的感覺都找回來了。

那個午後在大石上，享受生命的美好，彷彿乘坐一船的慈悲，聆聽石頭內心的聲音。

3

樹戀著鳥、鳥戀著樹，沒有鳥聲的樹林，多麼落寞和空洞，人在樹林中；恣意歌唱，盡情舞蹈，宛如一隻快樂的鳥。

人在水中，水的浮力使人輕巧自在，與水貼心溫柔的擁抱，優游其間，如魚之忘情。

粗糙的石頭，與人一樣會呼吸，雖然沉默不語，然而堅定不移，足可信賴，依偎在石上，如一片青苔，氣息相通，密不可分。

那方岩石，藏身於濃鬱綠蔭，有鵲鳥在枝頭唱和著，有魚兒穿來穿去，在石縫中追逐嬉戲。春風更是吹開伊人的綠色羅裙，披灑在石上，成為渾然一體的苔石。

附錄

淺談穴道

穴道是人體表面凹陷的部位，為血氣經過的通路，穴大致位於骨骼與骨骼之間、骨骼與肌肉之間、肌肉與肌肉之間的縫隙，穴點可連成經，而經與經的連繫稱為絡。

先賢曾以山間泉水自源頭湧出，到匯流入海的形態，來描寫體內脈氣行走的情形如下：

㈠井穴——所出為井。是脈氣的出發點。

井主治心下脹滿。

㈡滎穴——所溜留為滎。是脈氣開出後，像水有滎洄形態，滎主治身熱。

㈢俞穴——所注為俞。注是像水從上而下注之意。

俞主治身重、關節疼痛。

㈣原穴——所過為原。是氣息平靜，如水平易通過。

五臟六腑有病，皆取原穴治療。

㈤經穴——所行為經。是指脈氣不停留而經過。

經主治喘咳，寒熱喘咳。

㈥合穴——所入為合。合是脈氣從體表匯合走入內臟。合主內臟。有治氣逆喘息作用。

穴道按摩之所以能療傷、袪病，可從經絡與穴道之生理關係加以研究，經絡是輸送人體血氣之管道，好比大地上河流溪谷為輸送「水」的道路，若河道汙塞，則水流不通，必定四溢成災，同樣的道理，人體內的經絡若是受到阻窒，那麼人體必生病痛，穴道按摩即是可以打通阻塞之經絡，使得血氣之運行暢通，所以能治病痛。

穴道治療的作用有四種：

(1)治療穴道本身及附近部位之病痛：茲舉手陽明大腸經為例，按摩曲池穴可以治療曲池部位以及肘部或臂部的傷痛。

(2)治療經上遠處之病痛：手陽明大腸經所經過的地方皆是它的轄區，按摩曲池穴可治腕關節風濕痛、肩胛風濕痛。

(3)治療經上所屬內臟之病痛：手陽明大腸經所屬之內臟即大腸。按摩曲池穴，可以促進消化、新陳代謝機能及保健作用。

(4)治療所表裡內臟以及經上之病痛：手陽明大腸經與手太陰肺經互為表裡，故按摩曲池穴可以治感冒，治肺經及肺臟之病痛，乃根據此理論而來。

手太陰肺經示意圖

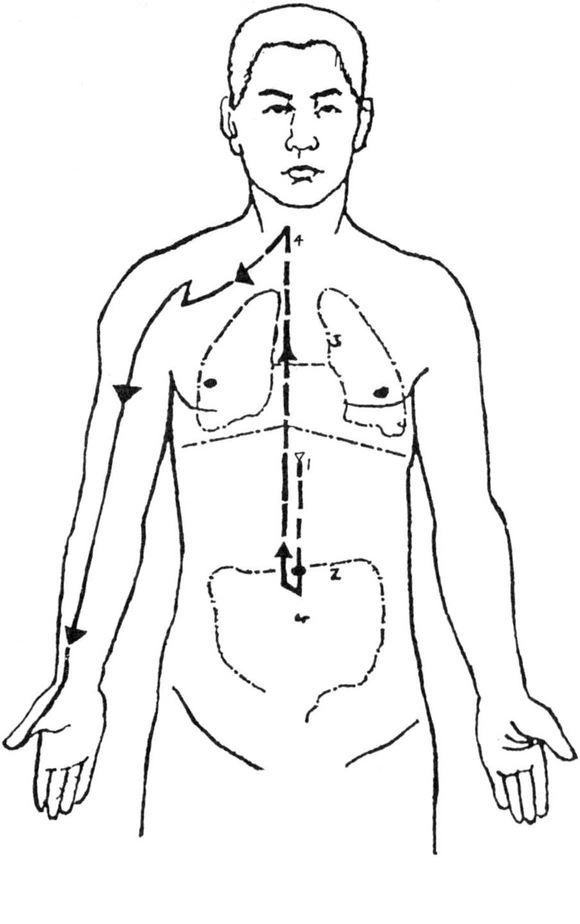

十四經脈示意圖，取自談清雲著「民俗療法大成」。

手陽明大腸經示意圖

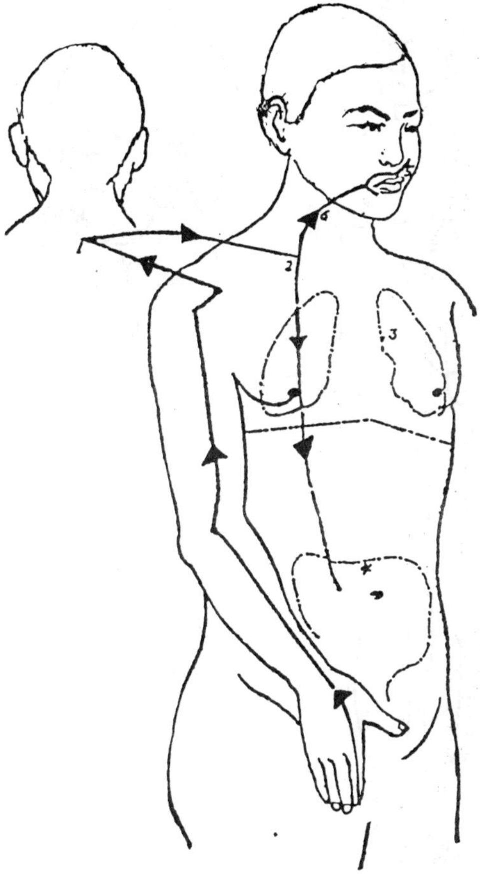

足陽明胃經示意圖

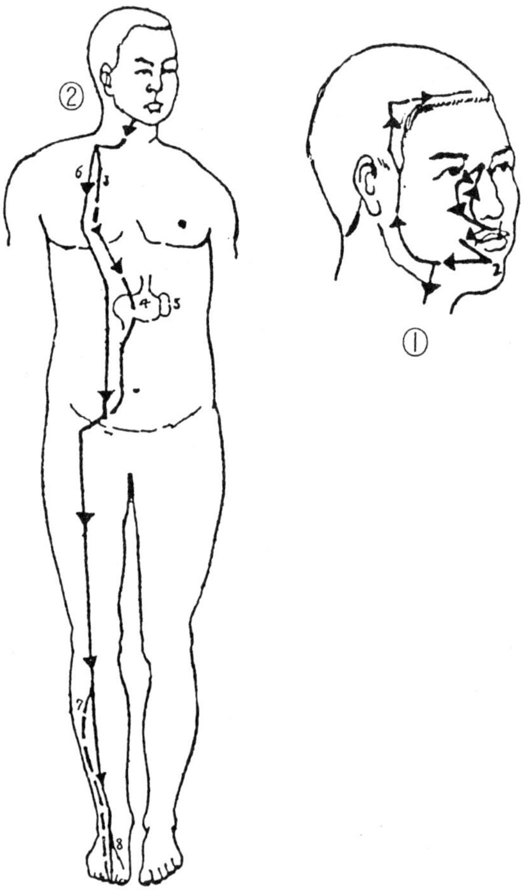

足太陰脾經示意圖

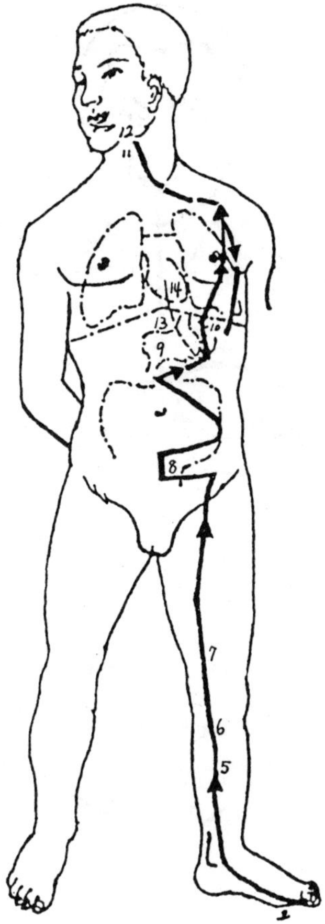

手少陰心經示意圖

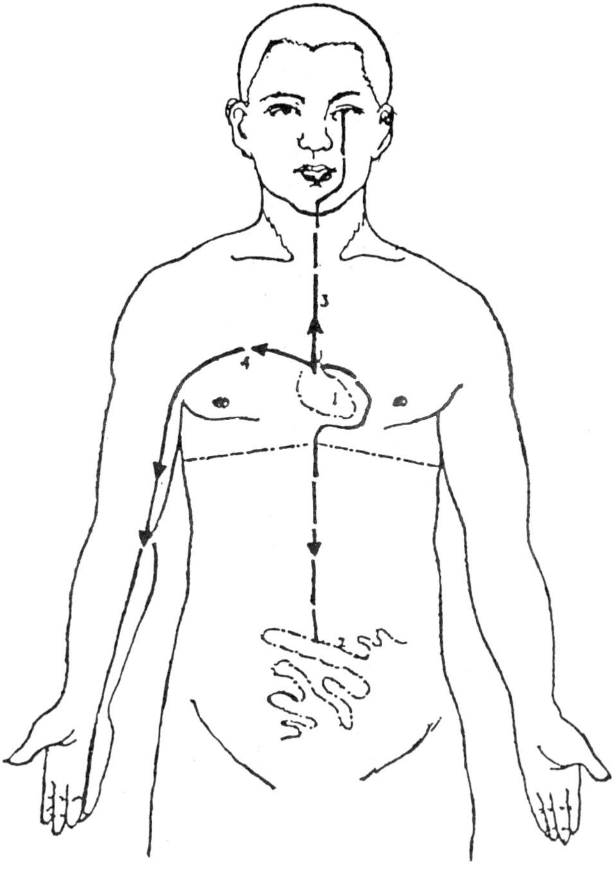

手太陽小腸經示意圖

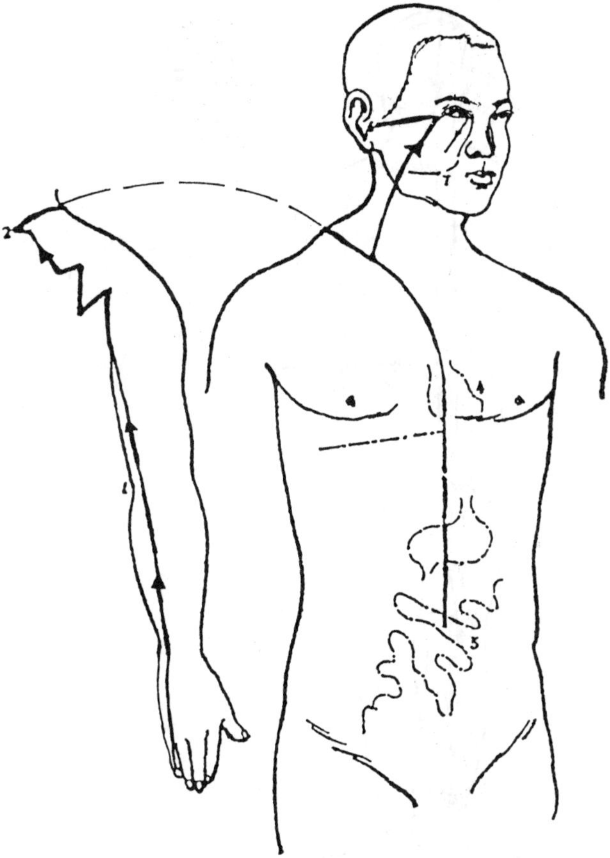

足太陽膀胱經示意圖

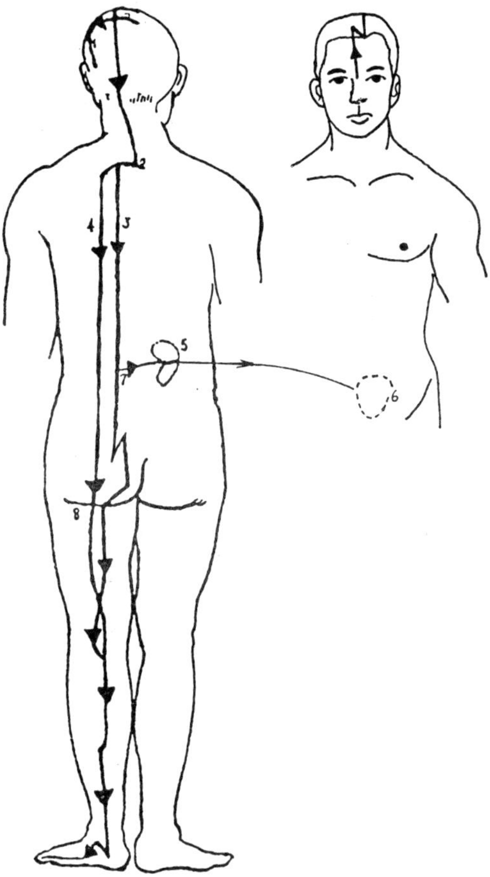

足少陰腎經示意圖

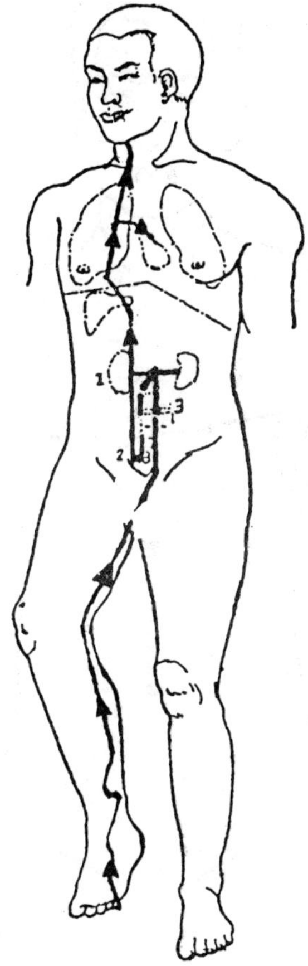

手厥陰心包經示意圖

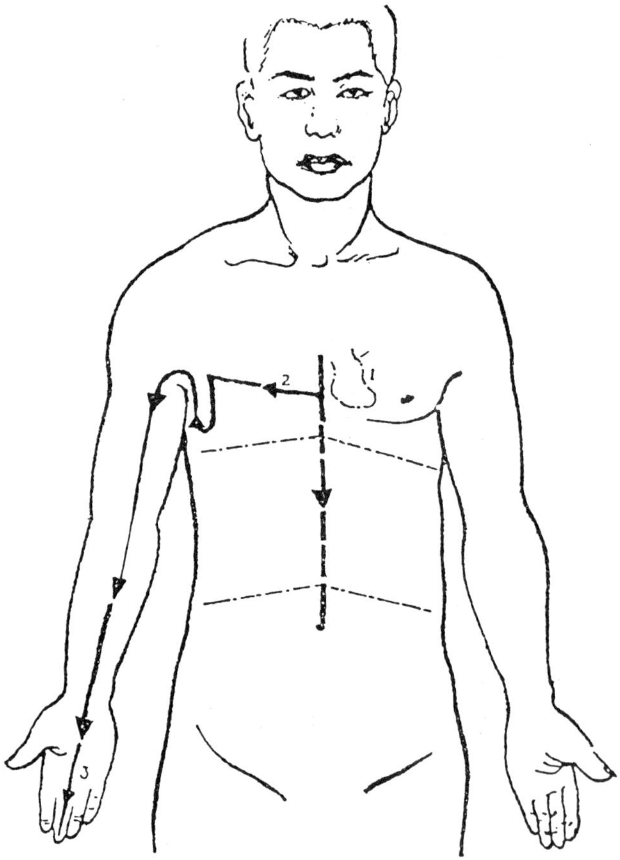

手少陽三焦經示意圖

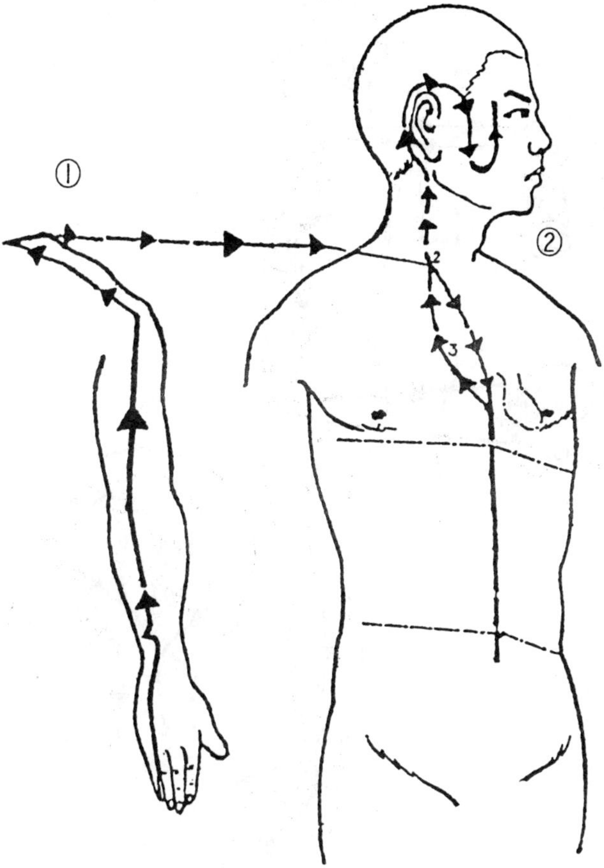

足少陽膽經示意圖

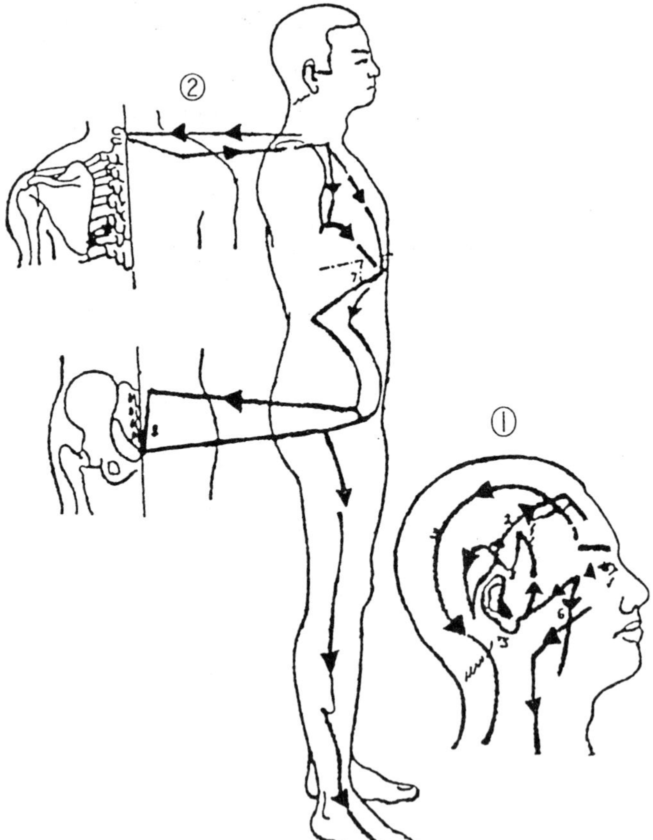

足厥陰肝經示意圖

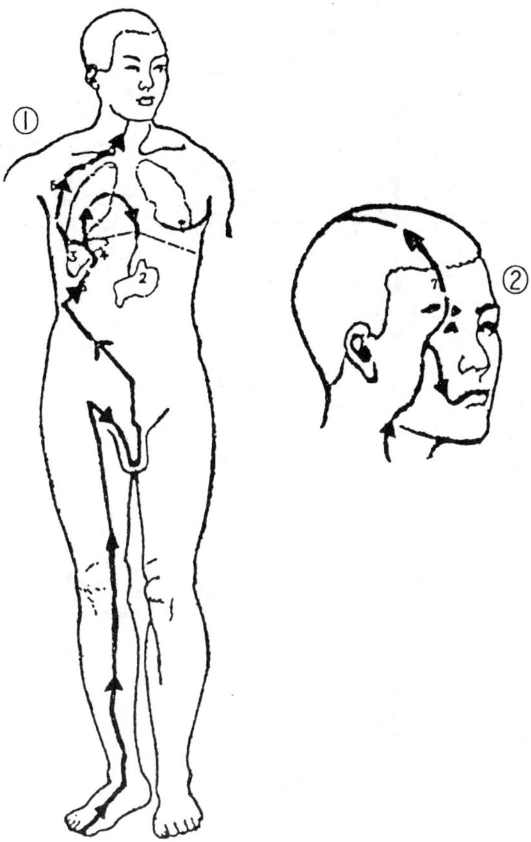

督脈示意圖

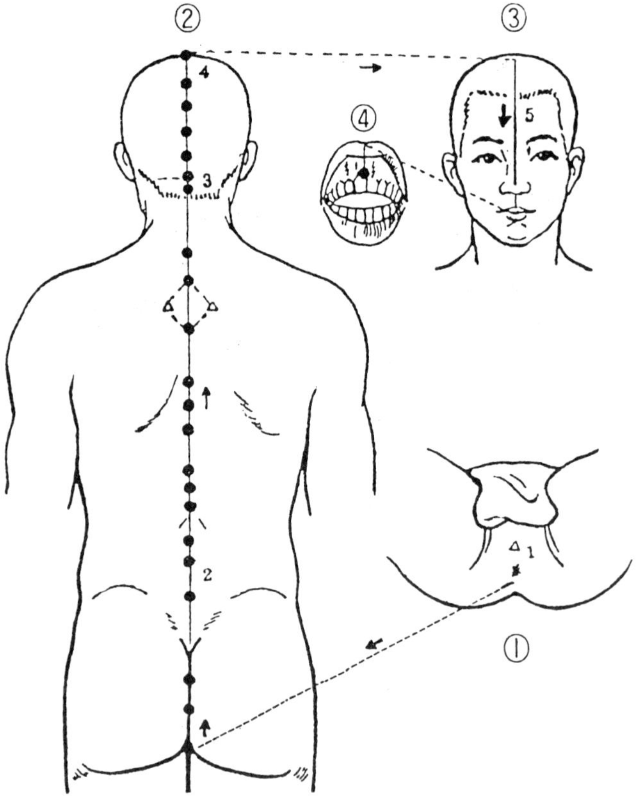

任脈示意圖

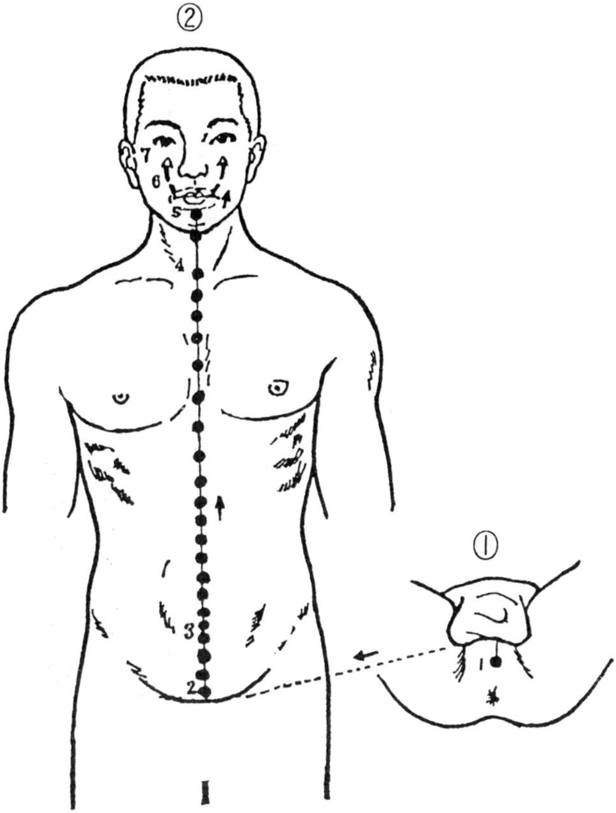

讀者團體採購本書，
作者可以現身傳授。

國家圖書館出版品預行編目資料

回到青春健康 / 談真著. -- 初版. -- 臺北市：文史哲, 民 92
面； 公分.（保健視窗；2）
ISBN 957-549-537-3（平裝）

1.健康法

411.1　　　92023456

保健視窗 ②

回到青春健康

著　　者：談　　　　　　眞
出版者：文　史　哲　出　版　社
http://www.lapen.com.tw
登記證字號：行政院新聞局版臺業字五三三七號
發行人：彭　　　正　　　雄
發行所：文　史　哲　出　版　社
印刷者：文　史　哲　出　版　社
臺北市羅斯福路一段七十二巷四號
郵政劃撥帳號：一六一八〇一七五
電話 886-2-23511028・傳真 886-2-23965656

實價新臺幣二四〇元

中華民國九十二年(2003)十二月初版

著財權所有・侵權者必究
ISBN 957-549-537-3